당신을 기억하게 만드는 힘

재치코드

당신을 기억하게
만드는 힘

재치
코드

Wit

강미은 지음

21세기북스

우리 사회를 관통하는
시대의 키워드 '재치'

인터넷에 관심 있는 기사가 뜨면 댓글도 유심히 읽어본다. 댓글이 수백 개씩 달리지만 '조회수 최고' '최다 추천' 댓글에는 늘 촌철살인의 재치가 들어 있다. 그래서 이런 재치 있는 논객들의 글을 읽는 재미가 쏠쏠하다.

어느 날 인터넷 게시판에 이런 고민이 하나 올라왔다. 어느 여성의 사연이다. 조건이 완벽한 남자를 소개받았지만 이 남자와 왠지 코드가 안 맞는다는 것이다. 그녀의 고민은 이렇게 표현되어 있었다.

"착하고 성실하고 조건도 좋은데 같이 있을 때 대화를 하거나 카톡을 주고받거나 하면 심심하다는 거예요! 뭐랄까. 제가 끌고 나가야만 대화가 되는 느낌? 음, 대화에 소금간이 하나도 안 된 느낌? 내가 마치 지금 심심이와 정해진 패턴대로 이야기하는 느낌? 영혼 없는 멘트를 주고받는 느낌!"

그녀의 고민에 수백 명이 댓글을 달았다. 비슷한 경험을 한 사람들의 공감과 조언이 올라왔다. 조금 길지만, 올라온 댓글을 인용해본다.

"첫사랑이 처음부터 코드가 안 맞았는데 끝까지 안 맞더라고요. 가치관이든 개그코드든. 바르고 똑똑하고 괜찮은 남자였지만 코드 잘 맞는 사람이 최고란 걸 알았어요. 지금 만나는 남자는 질문하기 전에 답부터 하는 적이 많을 정도로 모든 것이 잘 맞아 연애하는 게 행복하네요. 코드가 맞으니 작은 단점 따위 다 커버돼요. 코드가 맞는 거 진짜 중요하다고 생각해요."

"대화 안 통하는 거, 코드 안 맞는 거 은근 엄청 스트레스임. 분명 같은 소재, 같은 문장을 말해도 리액션이 다르면 하늘과 땅 차이임."

"그 사람 성격이 어떻든, 친하건 안 친하건, 만난 시간이 길고 짧고를 떠나서 코드 안 맞는 건 진짜 어쩔 수 없는 것 같음. 남녀라면 결국 헤어지게 되고 그냥 친구라면 단둘이 보게 되는 일 없어지기 마련."

"착해도 센스 없는 사람이다. 유머감각도 없고 대화 흐름 모르고 엉뚱한 소리 하고…… 난 아무리 잘생겨도 센스 없는 남자 싫더라."

"부부가 행복하게 살려면 같은 것을 보고 웃고 같은 것을 보고 울어야 한다고요. 코드가 비슷해야 지지고 볶고 살아도 재미가 있어요. 된장찌개 하나 놓고 먹어도 하하호호 즐거워야 하는데 고급 호텔요리 먹으러 가서도 재미없고 무료한 생활이 이어지면 그것 또한 후회되겠지요. 조건 괜찮고 사람 인간성 좋으니까 결혼한다? 저는 반대예요. 안정되고 그냥 편안한 생활을 추구하신다면 모를까, 알콩달콩 재미있고 행복하지는 않아요."

"나도 딱 그 상황인데. 진짜 다른 건 다 완벽하고 착실하고 올곧고 다 좋은데 말주변이 너무 없고. 답답하고. 만나면 꼭 나 혼자 인터뷰하는 거 같고. 뭘 물어보면 답만 또박또박. 그럼 나는 계속 질문을 해야 하고. 무슨 스무고개 하는 것도 아니고. 진짜 나도 어떻게 해야 할지 몰라서 미치겠어요."

"제 전 남친도 그랬거든요. 반듯하고 학교도 좋고 키도 185센티미터에 얼굴도 훈훈하고. 게임, 운동, 술, 담배 싫어하고 저만 좋아해주고. 하지만 너무너무 진지하고 재미가 없고 코드가 안 맞아서 헤어졌어요. 그 사람이랑 있으면 집에 가고 싶더라고요."

"진짜 완벽하다 하는 남자한테 대시받은 적 있음. 그런데 같이 영화 보고 차 마시고 대화하는 동안 내가 웃은 기억이 한 번도 없음. 그래서 우린 아닌 것 같다 하고 그날의 데이트가 마지막이 되었음. 지금은 그 남자보다 훨씬 날 잘 웃게 하는 남자랑 연애 중. 후회 없음!"

"나도 외모, 직업, 열심히 사는 모습, 하나도 빠짐없이 완벽한 남자를 사귄 적 있음. 만나기 전에 항상 오늘은 또 무슨 얘길 해야 하나 걱정하며 만났음. 이거 진짜 고역임. 커피숍은 더 가관임. 서로 마주 보고 앉는데 멀뚱멀뚱 정적. 지금 생각해도 치가 떨림. 이 짓도 하루, 이틀이지 못해먹겠어서 때려치움."

"좋아하고 내 스타일인데 사귀면서 말하다 보면 배드민턴을 치는데 토스가 잘 안 돼서 자꾸 끊기는 느낌 같은. 제 경험만 말씀드리면 안 맞는 사람은 갈수록 계속 안 맞더군요. 나중엔 좀 지친다고 해야하나?"

　좀 거칠지만 그대로 옮겨봤다. 물론 다른 방향의 댓글도 많았다. "사람 좋으면 되었지, 뭘 더 바라느냐?"라는 식의 댓글도 많았다. "코드, 그거 맞춰가며 살면 되는 거니까 배부른 소리 마라."라는 식의 조언도 있었다. 이런 반응을 보면서 '코드'가 맞는다는 게 이 정도로 중요해질 만큼 우리가 잘살게는 되었구나 하는 엉뚱한 생각이 들었다.

　'코드, 코드' 이야기를 많이 한다. 역대 정권에서 너무 드러나게 코드를 맞춰야 한다고 해서 문제가 되기도 했지만, 어느 정권이건 코드 안 맞는 사람들로 자리를 채우는 법은 없었다. 사람 사이의 코드는 친소관계를 결정짓고, 결혼 여부를 결정짓고, 정권의 자리를 결정지을 만큼 중요하다.

　이 시대에는 코드 중에서도 '재치코드'가 중요하다. 사람 사이에서건, 비즈니스에서건, 공익 캠페인에서건, 댓글 하나에서건, 방송에서건 재치코드가 있어야 각광을 받는다. 재치와 위트가 있다는 것, 이건 모든 능력에 플러스알파로 작용한다. 기본 능력에 재치코드까지 더한다면 더욱 빛날 수 있다는 이야기다. 재치코드가 '유머를 억지로 외워서 말해줘'를 뜻하는 건 아니다. 억지로 웃는 유머도 아니다. 억지스러운 유머는 오히려 비호감이다.

　어느 포럼에서 '유머'를 주제로 한 강연을 들은 적이 있다. 그 강사는 소개받고 앞에 나오자마자 다짜고짜 청중에게 "하하하" 하고 소리 내서 웃어보라고 시켰다. 조찬 포럼이라 졸린 눈으로 앉아 있던 청중은 마지못해 "하하하" 하고 웃었다. 그러자 그 강사는 그렇게 제대로 못 웃으니까 유머가 안 생기는 것이라고 야단을 쳤다. 청중은 다시 억지웃음으로 "하하하" 하고 크게 웃어야 했다. 강의 내내 웃음을 강요했고 크게 안 웃으면 야단이라도 칠 분위기였다.

그의 주장은 이랬다.

"웃어야 유머감각이 생긴다. 억지로라도 웃어야 유머가 살아난다."

이것이 그 강의의 요지였다. 정말로 어이가 없었다. 강의를 듣는 내내 그 자리에 온 걸 후회했고 모자란 아침잠이 아까웠다.

억지 유머는 유머가 아니다. 썰렁 유머도 유머가 아니다. 이런 유머는 재치 없는 유머다. 유머와 재치는 비슷하기도 하고 다르기도 하다. "그 사람 참 유머러스해."라고 할 때와 "그 사람은 재치 있어."라고 할 때 뉘앙스는 다르다.

유머는 주로 익살스러운 농담을 가리킨다. 유머는 말 그대로 유머, 쉽게 말하면 웃기는 것이다. 유머는 '익살, 해학'으로 번역되며 프랑스어로는 '위무르Humour', 독일어로는 '후모르Humor'라고 한다. 인간의 행동·언어·문장 등이 갖는 웃음의 뜻, 그리고 그러한 웃음을 인식하거나 표현하는 능력의 뜻까지 붙게 되었다. 유머가 정적인emotional 성격이 강하다면, 위트는 지적인intellectual 성격이 강하다. 넓은 의미에서는 위트도 유머의 한 유형이다.

위트wit는 대화 도중 남의 의표를 찌르는 결정적인 말이나 재치 있는 말을 하는 능력을 가리킨다. 언뜻 보아서는 하나가 되기 힘든 개념을 경쾌하고 교묘한 표현으로 전환하거나 교차해서 유머 효과를 일으킨다. 위트는 본질적으로 언어적 표현에 따른 것이 많다. 위트는 어떤 것을 표현하는 데 비범하고 신기하고 기발한 발상으로 적절하게 표현할 수 있는 재빠른 지적 활동을 말한다. 위트는 웃기긴 웃기되, 웃음 뒤에 어떤 재치나 기발함 같은 것이 있다.

위트는 지적 예지銳智로서 사물을 인식하고 타인에게 웃음을 줄 수 있는 능력을 뜻한다. 위트는 유머와 동일시되기도 하지만, 익살스러운 말이나 행동 양식을 뜻하는 유머와 달리 본래 '지력知力'이나 '창의력' 같은 진지한 정신 능력을 의미한다. 16, 17세기에는 특히 문학에서 참신한 역설과 비유를 만들어내는 발랄한 언어적 재능을 가리켰다.

위트는 짧고 교묘한 언어적 표현으로 익살과 충격을 불러일으키기 위해 단어와 개념 사이의 예견하지 못한 연관성 또는 차이에 주목한다. 따라서 진정한 위트는, 일차적으로 익숙한 언어 습관이나 코드code를 파기하고 이어 새롭게 창조된 의미로 독자에게 지적 즐거움을 주며, 흔히 경구epigram로 표현되기도 한다.

미국의 CEO나 정치인들의 강연이나 연설을 들어보면 늘 재치가 넘친다. 재치 없는 연설은 지루하기 짝이 없고 유머를 구사할 줄 모르는 CEO나 정치인은 좋은 평을 듣지 못한다. 유머가 빠진 연설은 김빠진 맥주같이 생각한다. '무슨 유머 시리즈'를 읊으라는 것이 아니라 상황에 맞는 가벼운 조크를 할 줄 알아야 한다는 것이다. 한 CEO의 연설은 이렇게 시작했다.

"연설은 여성의 미니스커트 같아야 합니다. 적당히 길어서 중요한 주제를 커버해야 하고 적당히 짧아서 주목을 끌어야 합니다

Speeches are like women's mini skirts. It should be long enough to cover the important subject, but short enough to keep it interesting."

이 말을 들은 청중은 모두 깔깔대며 웃었다. 여성이 들어도 성차별적인 언사라기보다는 '연설'에 대한 가벼운 조크로 받아들여지는 유머였다. 그는 적절하게 짧은 연설로 청중에게 깊은 인상을 남겼다. 그의 연설이 성공적이었음은 말할 것도 없다. 사람은 서너 번 같이 웃으면 서로에 대한 호감도가 높아진다. 즐거운 경험을 공유한 상대이기 때문이다.

똑같은 내용도 진부하게 '공자님 말씀'으로 나올 수도 있고 재치 있게 나올 수도 있다.

"나이가 들어도 여러 가지 일을 성취할 수 있다."

이런 말을 들으면 감흥이 그저 그렇다. 다 아는 이야기요, 들으나 마나한 이야기다. 공자님 말씀일 뿐이다. 흘려들으면 그만이다. 그런데 이런 일반론적이고 이론적인 내용을 구체적 사례와 실제 인물의 경우와 연결해서 말하면 뜻이 더 살아난다.

- 러시아의 소설가인 보리스 파스테르나크는 68세에 노벨문학상을 탔다.
- 프랑스의 소설가 콜레트Sidonie Gabrielle Colette는 유명한 소설 『지

지Gigi」를 71세에 썼다.

- 이탈리아의 토스카니니는 86세에 정열적인 오케스트라 지휘자 였다.
- 피카소는 87세에 걸작을 여러 점 그렸다.
- 두 살 때 시각과 청각을 잃은 헬렌 켈러는 88세에 사망할 때까 지 글을 쓰고 강연을 했다.

이렇게 말하는 것이 훨씬 생생하고 귀에 쏙쏙 들어온다. 똑같은 내용이지만, 아주 일반적으로 말한다면 흡인력이 떨어진다. 좀 더 생 생하게 사례를 들어가면서 듣는 사람들이 "아!"라고 할 만큼 살아 있 으면 파워가 커진다.

언젠가 받은 어느 회사의 카드에는 한 살부터 백 살에 이르기까지 나이에 따라서 한 살, 한 살을 재미있게 설명해놓았다. 한 살이란 본 인의 의사와 관계없이 태어나고, 누구나 비슷하게 생긴 나이란다. 나 이 세 살에 정약용은 '작은 산이 큰 산을 가리니, 멀고 가까움이 다 르기 때문일세.'라는 시를 지었단다. 그런데 보통 나이 세 살은 간단 한 의사소통을 하는 나이다.

- 21세에 잡스는 애플 컴퓨터를 설립했다. 보통 나이 21세는 사과 같은 얼굴을 갖기 위해 변장을 시작한다.
- 35세에 퀴리 부인은 남편과 함께 노벨상을 받았다. 보통 나이 35세는 이제 혼자가 아니라는 사실을 엄청 느끼게 된다.

- 36세에 스티븐 스필버그는 영화 「ET」를 만들었다. 보통 나이 36세는 절대로 ET 따위는 생각하지 않는다.
- 44세에 원효대사는 해골에 괸 물을 마시고 도를 깨달았다. 보통 나이 44세는 약수터의 약수도 믿지 못하는 나이다.
- 47세에 이순신 장군은 옥포에서 승리를 거두었다. 보통 나이 47세는 싸울 일이 있으면 피하고 본다.
- 54세에 디즈니는 디즈니 왕국을 만들었다. 보통 54세는 꿈의 왕국을 꿈속에서나 보게 된다.
- 59세에 왕건은 후삼국을 통일했다. 보통 나이 59세는 성골, 진골이 아니면 아무 일도 안 된다고 생각한다.
- 68세에 갈릴레이는 천동설을 뒤집고 지동설을 주장했다. 보통 나이 68세에는 생각을 뒤집으면 민망해진다.
- 71세에 샤넬은 파리에 가게를 열고 컴백했다. 보통 나이 71세는 스스로 전설을 쓰기 시작하는 나이다.
- 91세에 샤갈은 마지막 작품을 완성했다. 보통 나이 91세는 나이 자체가 작품이 된다.
- 93세에 피터 드러커는 경영학의 기둥을 세웠다. 보통 나이 93세는 한국말도 통역이 필요해진다.

이런 식으로 나이에 관한 내용을 구체적인 사례와 비교해서 재미있게 전달하는 것도 기술이다.

통계 숫자를 전달해야 할 때도 주의가 필요하다. 통계 숫자는 자칫

하면 말의 생생함을 해친다. 연설이나 인터뷰 중에 통계 숫자를 끝없이 나열하다 보면 말은 지루해지고 이해도 잘 안 되며 혼란스럽게 되기 쉽다. 통계 숫자를 이야기해야 할 때만큼 '생생함'이 중요한 때도 드물다. 통계 숫자를 전할 때는 핵심 줄거리를 미리 전하는 것이 중요하다. 끝없이 숫자를 늘어놓으면 잘 전달되지 않는다.

"중국은 인구가 13억 명입니다. 인도의 인구는 9억 명이고 미국에는 2억 6,000만 명이 삽니다. 인도네시아에는 2억 명이 있고 브라질에는 1억 7,000만 명이 있습니다. 전 세계 인구가 50억 명이라고 볼 때 이 다섯 나라에 전 세계 인구의 절반이 사는 셈입니다."

이렇게 말하면 매우 혼란스럽다. 여러 숫자가 너무 많이 나와 집중이 안 될 뿐 아니라, 말하려는 요점까지 흐리는 결과를 가져온다. 13억, 9억, 2억, 1억 7,000만, 50억, 이런 숫자들과 각 나라 이름을 한 번 들어서 연결할 수 있는가? 그리고 기억이라도 할 수 있는가?

"전 세계 인구는 50억 명 정도 됩니다. 그중에 절반이 중국, 인도, 미국, 인도네시아, 브라질이라는 다섯 나라에 모여 삽니다."

이렇게 말하면 메시지가 분명하게 살아난다. 숫자 중에서도 핵심 숫자가 먼저 나오고, 구체적 사례에 해당하는 숫자가 분명하게 구분 지어서 나오기 때문에 혼란스러울 소지가 적다. 듣는 사람을 혼란스럽게 만들지도 않는다.

통계 숫자는 하나의 숫자일 뿐이다. 그 숫자만 가지고는 마음속에 별다른 그림을 남기지 않는다. 통계 숫자가 듣는 사람 마음속에 생생하게 살아 있는 이야기로 다가올 때 의미를 지닌다. 해마다 음주운전 관련 사망자가 1,000명이라고 통계 수치만 들이대는 것보다는 주변에 있었던 구체적인 사고를 자세하게 설명하고 슬퍼하는 가족 이야기를 같이하는 것이 더 마음에 와 닿는다. 단순한 통계 수치보다는 경험에서 나온 생생한 이야기가 더 설득력 있다는 것은 심리학에서도 실험 결과로 밝혀진 바 있다.

살아 있는 말로 이야기하기 위해서는 어떤 식으로 표현해야 할지 주목하는 것이 좋다. 똑같은 내용이라도 어떻게 포장해야 듣는 사람을 혼란스럽게 만들지 않으면서 마음속에 쏙 들어갈 수 있을지 고민해야 한다.

재치감각과 재치는 이제 경쟁력이다. 재치는 지금의 시대 코드가 되었다. 재치는 메시지의 마지막 2퍼센트를 채우는 힘이다. 핵심 메시지를 정통으로 날려주는 마지막 2퍼센트의 힘이다. 재치감각과 재치로 마지막 2퍼센트를 채운다면, 메시지의 설득력에 날개를 달게 된다. 다른 사람의 웃음을 끌어낼 수 있는 사람은 협력과 지지도 쉽게 끌어낸다.

SNS에서 재치와 촌철살인은 이 시대 키워드가 되었다. 지루한 설교는 이제 먹히지 않는다. 유머감각을 갖춘 촌철살인 없이 주목받을 수는 없다. 재치는 어떤 상황을 제3자의 객관적 시선으로 멀리 떨어져서 바라보는 데서 나온다. 그렇기 때문에 재치는 마음의 여유에서 비롯된다. 복잡하고 어려운 상황도 재치를 섞은 메시지로 전달하면 부드럽고 친밀감 있게 전달된다.

그리고 재치가 섞인 메시지는 오래 기억에 남는다. 밋밋한 메시지를 생생하게 만드는 것이 재치다. 주제와 관련해 촌철살인하는 재치를 던질 때 그 메시지를 듣는 사람은 친밀감을 느끼고 속이 시원해진다. 적절한 타이밍에 적절하게 구사하는 재치는 전체 메시지를 오래 기억에 남게 만든다. 재치를 통해서 젊은 세대에게 정치는 긍정적 의미의 엔터테인먼트가 되고 있다.

이 책에서는 우리 사회를 관통하는 시대의 키워드를 '재치'로 풀어내고자 한다. 정치에서나 공익 캠페인에서나 비즈니스 마케팅에서나 방송에서나 재치코드의 파워는 점점 커지고 있다. 그래서 다양한 분야에서 생생한 사례를 많이 들어 재치코드의 성공 요인을 분석했다. 또 재치코드를 키우는 방법도 제시했다.

다양한 사례는 신문, 광고, 공익 캠페인, 인터넷 댓글, 페이스북, 트위터 등에서 모았다. 알려진 출처는 명시했지만, 인터넷 댓글이나 트위터 등은 출처를 알 수 없는 경우도 많았다. 많은 자료를 모으다 보니 출처나 원작자를 찾으려 해도 도저히 찾을 수 없는 경우가 있었다. 출처를 확인하려고 노력했으나 부득이한 경우가 있었음을 밝히고 싶다. 인터넷 이미지나 댓글의 원작자를 알려주시면 재판에 반영할 수 있을 것 같다. 일일이 명시하지는 못했지만 수많은 사례로 대한민국의 재치를 보여준 분들께 감사드린다.

2013. 10.

강미은

3장 손쉽게 재치코드 키우기

재치코드의
촌철살인

/

1장

방송에서도 지루함은 지고
재치가 뜬다

'재치'의 반대개념은 뭘까? '뻔함'이다. 드라마에서도 뻔한 설정은 보는 맛을 싹 없애버리는 요인이 된다. 뻔한 걸 뭐 하러 보겠는가? 텔레비전을 크게 켜놓고 다른 일을 하는 것이 아닌 한 70분이나 텔레비전을 지켜보려면 인내심이 필요한 방송 프로그램도 많다.

웃기면서 감동을 준 김제동

• 독일 속담에 이런 것이 있습니다. 금이 아름답다는 것을 알게 되면, 별이 아름답다는 것을 잊어버린다. 여러분은 아직 금의 아름다움보다는 별의 아름다움을 즐기실 나이라고 생각합니다. 오늘의 젊음, 영원히 간직하시기 바랍니다.

- 사랑은 택시와 같은 거죠. 함께 걸어온 길만큼 대가를 지불해야 합니다.
- 이별보다 더 비참한 것은 이별마저 허락받지 못한 사랑이다.
- 여자는 첫사랑을 기억에 남기고 남자는 첫사랑을 가슴에 남긴다.
- 사인해달라는 말에 김제동이 말하기를, "조금 있다 오면 등에 문신 새겨드리겠습니다."
- GOD 콘서트에서 김제동이 묻기를, "저는 태우 씨를 아주 좋아합니다. 제가 여자로 태어나면 태우 씨와 결혼할 겁니다. 해주실 거죠?"(김태우의 반응을 살피다가) 그 대신 이 모습 그대로 태어날 겁니다."

김제동이 남긴 인기 있는 멘트 중 몇 가지다. 김제동이 한 말을 찾아다니면서 목록으로 만드는 열렬한 팬이 많다. 김제동은 얄팍한 말장난으로 웃기는 개그맨이 아니다. 동네에서 흔히 볼 수 있는 평범한 그가 방송에서 최고 인기를 누리고 '김제동 어록'을 만들 정도로 어필하는 이유는 무엇일까? 그의 말에는 감동이 있다. 우스우면서 감동을 준다. 마음을 파고드는 대화를 하는 것이다.

김제동은 확고한 팬을 거느리고 있다. 그가 하는 한 마디 한 마디를 모아놓은 김제동 어록을 외우는 팬도 있다. 그의 말 한마디에 감동받는 시청자가 수백만 명 있다.

모든 베스트에는 이유가 있다. 책이 베스트셀러가 되는 데는 이유가 있고 사람이 인기몰이를 하는 데도 이유가 있다. 사람을 끄는 힘이 있기 때문이다. 사람을 끄는 이유는 여러 가지가 있겠지만, 나름 대로 매력과 흡인력을 갖고 있기에 베스트셀러도 되고 인기인도 되는 것이다.

김제동은 물론 웃기는 재주를 가지고 있다. 그렇지만 여느 개그맨과 다르게 웃기면서도 감동을 주기에 시청자의 마음이 움직인다.

김제동은 말로 사람을 웃기고 감동을 주는 개그맨이다. 자신을 희화화하거나 약간의 '바보기'로 어이없이 사람을 웃기는 개그맨과 다르다. 웃기면서 감동까지 주다니……. 휘발성이 강한 유행어 하나로 잠시 장안의 화제가 되었다가 잊히는 개그맨은 아닌 것이다. 휘발성이 강한 유머는 듣자마자 잊어버린다. 김제동은 사람의 마음을 파고들 줄 아는 커뮤니케이터인 것 같다. 이 정도 되면 개그맨이라는 단어가 그를 묘사하기에 부족하다는 생각이 든다.

보통 웃기는 것과 감동은 따로 가기 쉽다. 억지로 감동을 주려다 보면 '오버'하기 쉽다. 감동은 노력한다고 해서 줄 수 있는 것이 아니다. 받는 사람이 마음 깊이 자연스럽게 느껴야 한다. 감동은 콧잔등이 시큰해야 하는데 웃기면서 감동을 준다는 건 보통 일이 아니다. 그런데 김제동은 그걸 해낸다. 외모가 남다르지도 않고 그렇다고 확실한 유행어를 만들어내는 것도 아닌데 김제동이 거의 모든 오락 프로그램에 등장하는 것은 그만이 가지고 있는 커뮤니케이션 방식이 있기 때문이다.

그의 말은 어디서 나올까? 여러 잡지와 인터뷰한 내용을 보면, 그의 '애드리브'가 방송 녹화장에서 그야말로 애드리브로만 나오는 것은 아니다. 평소에 끊임없이 좋은 말과 메시지를 찾기 위해 노력하는 자세에서 나온다. 기막힌 멘트의 밑천에 대해 그는 이렇게 들려준다.

"상황에 따른 순발력도 물론 중요하지만 전적으로 '말재간'에 의존하는 편은 아니다. 불철주야까지는 아니지만 신문이나 책을 열심히 본다. 매일 아침 신문을 다섯 가지 정도 보면서 스크랩을 한다. 밑줄 긋고 아이디어를 메모한다. 이런 습관은 군대 있을 때 길러졌다. 예전에 문선대(문화선전부대)에 복무하면서 매일 아침 다섯 가지 신문의 사설을 공부해야 했다. 같은 사안에 대해 신문마다 의견이 다른 것이 재미있었다. 신문에 밑줄 쫙 쳐가며 공부하듯 읽고 나름대로 메모까지 덧붙여 정리한 노트가 여덟 권쯤 된다. 내 아이디어 뱅크이자 제일 큰 재산이다."

최고의 입담으로 주가를 올리고 있는 김제동의 아이디어 보물 창고는 바로 신문이다. 좋은 말을 메모하고 머리에 담아두는 것이 습관이 된 듯하다. 그는 고속도로 휴게실 화장실에 붙어 있는 '오늘의 말씀'까지 메모해서 외운다고 한다. 이외수의 작품을 읽고 허영만의 만화 『사랑해』도 반복해서 읽는다고 한다. 이 정도로 지적인 노력을 하니 그의 웃음에 메시지가 있는 것은 당연한 결과다.

모든 메시지에는 '인풋input'과 '아웃풋output'이 있다. 인풋이 많아야 아웃풋이 많아진다. 그리고 좋은 인풋이 있어야 좋은 아웃풋이 있다. 좋은 글을 많이 읽어야 좋은 글을 쓸 수 있다. 말도 마찬가지다. 많은 독서와 논리적인 훈련을 통해서야 좋은 말, 들을 만한 말이 입에서 나온다.

김제동의 말에는 메시지가 있다. 그냥 말장난으로 사람을 웃기는 것이 아니라 힘 있는 메시지로 사람들에게 감동을 준다. 그래서 인기가 있다. 그 메시지가 신문에서 본 말이건, 개그맨 스쿨에서 익힌 것이건, 혼자 생각한 것이건, 그건 그리 중요하지 않다. 중요한 것은 김제동이 상황에 가장 적절한 메시지를 전달할 줄 안다는 것이다.

구슬이 서 말이라도 꿰어야 보배가 된다. 들은 이야기가 아무리 많고 신문을 하루에 열 가지씩 밑줄 쳐가며 보더라도 적절한 상황에서 그 말이 제대로 튀어나오지 않으면 말로 힘을 갖지 못한다. 그래서 임기응변과 애드리브가 가능한 감각이 어필하는 것이다.

김제동의 커뮤니케이션은 '텍스트'와 '컨텍스트'가 완벽하게 조화를 이룬다. 그 내용이 순간순간의 컨텍스트와 완벽하게 맞춰 나오기에 상품이 된다. 텍스트 따로 컨텍스트 따로인 어설픈 개그가 얼마나 많은가?

김제동이 감동과 웃음을 동시에 주기 때문에 김제동 어록이 인기를 끌 수 있다. 웃기면서 감동을 준다는 것, 김제동은 쉽지 않은 커뮤니케이션 방식을 구사하고 있다. 웃기면서 감동을 주는 커뮤니케이션이 노력에 기반을 두었다는 점은 보통 사람들에게도 매우 고무적인 일 아닌가?

김제동 어록은 오늘도 계속된다.

• 우주는 존재합니다! 하지만 여러분이 없는 우주는 존재하지 않습니다.

- 자신이 힘들 땐 언제나 자기 자신으로 자신을 즐겨라. 이 말을 깨닫게 되면 너는 힘들다는 마음을 이미 넘어서 행복을 맞이하고 있을 것이다.

- 남자는 아무데서나 함부로 무릎을 꿇어서는 안 되지만 사랑하는 여자 앞에서 무릎을 꿇는 건 사랑하는 여자를 가진 남자만의 특권이다.

- 어떤 여자가 옷을 예쁘게 입고 있었는데 이걸 본 김제동의 장난기가 발동했다. 김제동은 무척 부러운 듯 옷을 훑어보며 물었다.
"저, 이 옷 어디서 구입하셨나요?"
그 여자가 자랑스레 말하려는 찰나 김제동이 말했다.
"정말 싸고 좋은 걸 구입하셨네요."

- 흐르는 강물을 잡을 수 없다면 바다가 되어서 기다려라.

- 제가 첫 번째로 싫어하는 게 제 얼굴이고 두 번째가 쥐예요.

- 아, 이 시계는 방수가 되는군요. 대단합니다. 수심 40미터까지 방수가 된다는군요. 이런 쓸데없는 기능을…… 누가 수심 40미터까지 들어간답니까? 그건 미친 짓이죠.

- 행사장에서 가장 싫어하는 여자 스타일을 물었더니 김제동이 대답했다.
"깜찍하고, 예쁘고, 귀엽고, 사랑스럽고, 애교 있고, 섹시하고, 나랑 친한데…… 나랑 사귀지 않는 여자!"

- 어두운 밤에 등대는 되어드릴 수 없습니다. 하지만 갈 수 있는 길은 알려드릴 수 있습니다.

- 어차피 깨진 유리조각을 다시 붙이지 못하듯이 첫사랑과의 추억도 붙일 수 없는 것입니다. 사랑의 진정한 힘이라는 것은 아픈 기억을 소중한 추억으로 만들어준다는 것에 있는 거죠.
- 견디기 힘든 고통이란 것은 견딜 수 없는 고통의 반대말이다.
- 사랑은 '그렇기 때문에'가 아니라 '그럼에도 불구하고'이다.

재치 있는 한마디, '사운드 바이트'

'사운드 바이트soundbite'라는 말이 있다. 사전적 의미는 '뉴스 인터뷰나 연설 등의 핵심적 내용을 축약한 문구'다. 쉽게 말하면, 신문이나 방송에서 '따서' 쓰기 좋은 짧은 문구라고 보면 된다. 인터뷰를 했을 때 제목으로 써도 될 정도로 핵심적인 말, 문구, 재미있는 표현 등을 말한다. 기자는 인터뷰하거나 취재하면서 핵심이 되는 말을 끊임없이 찾는다. 그러다가 독특하게 눈길을 끄는 말이나 표현이 있으면, 별로 핵심과 관련이 없는데도 이야기를 재미있게 만들기 위해 크게 부각하기도 한다. 몸통이 아니라 깃털인 줄 알면서도 흥미를 돋우기 위해 키우는 것이다.

언론은 본능적으로 사운드 바이트에 약하다. 현대에서 150억 원을 수뢰하고 직권을 남용한 혐의로 구속 수감된 박지원 전 문화관광부 장관의 예가 그랬다. 그는 영장실질심사 직전에 "꽃이 진다고 바람을 탓하랴"라고 했다. 참 멋진 시구다. 상황에 대입해보면 비장하기까지 하다.

그래서 이 말은 사안의 핵심이 아닌데도 여러 언론 매체의 보도에서 중요한 기사로 부각되었다. 많은 신문이 이 말을 제목으로 삼아 기사를 실었다. 어떤 신문은 박 장관이 인용한 시의 전문을 싣고 의미를 다시 해석하는 등 심하게 말하면 호들갑을 떨기까지 했다. 150억 원에서 400억 원에 이르는 직권남용을 다루는 사안과 직접 관련도 없는 이 시구에 언론이 이처럼 큰 무게를 준 것은 이 말이 매력적인 사운드 바이트였기 때문이다.

　사실 사운드 바이트를 적절히 잘 이용하는 것은 신문 편집의 묘미이기도 하다. 뉴스의 핵심 내용을 단순하고 명쾌하게 전달할 수 있는 몇 마디 말로 제목을 뽑는다. 그래서 제목만 보고도 그 기사가 어떤 내용이라는 것을 파악하게 된다.

　사운드 바이트는 매력적이다. 하지만 이것이 남용되면 사안의 본질 문제와 별로 관련이 없는데도 단순히 재미를 위해서 또는 공격을 위한 공격을 위해서 사용될 수 있다. 이런 경우에는 독자들이 중요한 문제의 핵심을 보는 데 오히려 방해가 된다. 무엇이 중요한지 가리는 데 방해가 되는 것이다. 몸통과 관련된 사운드 바이트라면 모르지만, 겨우 깃털에 해당하는 말 몇 마디에 모든 언론이 매달려 대서특필하는 것은 바람직하지 않다. 보도에 사용할 재미있는 말을 뽑아내는 데 치중하다 보면, 나무만 열심히 보느라고 전체 숲을 보는 시각이 흐려질 수 있다.

　언론의 역할은 복잡한 사안을 이해하기 쉽게 독자에게 전달하는 것이다. 그래서 전체 사안의 지도를 그려주는 시각과 세부항목이나 지엽적인 사항을 자세하게 보도하는 태도가 함께 필요하다. 하지만 언론은 거두절미하고 침소봉대하기도 한다. 전체 지도를 그리는 데만 치중하다 보면 보도 내용이 독자에게 큰 흥미를 주지 못할 수도 있다. 그렇다고 해서 너무 지엽적인 사안을 재미있게 전달해주는 데만 치중하다 보면 정작 중요한 문제를 가리는 우를 범할 수 있다.

언론은 사운드 바이트에 매달려서 침소봉대하기도 하지만, 어떤 경우에는 거두절미하기도 한다. 뉴스에 전문가로 등장하는 사람들의 말을 들어보라. "저런 상식적인 말을 뭐 하러 하지?"라는 의문이 들 정도로 간단한 말 몇 마디를 한다. 9시 뉴스에 인용되는 전문가들의 말은 평균 10초를 넘지 않는다. 한 문장을 겨우 마칠 수 있을까 말까한 시간이다. 한 문장이 끝나기도 전에 말허리를 자르기도 한다. 그 것이 '편집'이다.

이유는 이렇다. 9시 뉴스에 등장하는 뉴스 아이템 한 꼭지의 길이는 길어야 1분 30초다. 기자는 1분 30초 안에 복잡하게 돌아가는 사건이나 현상의 핵심을 전달해야 한다. 자신만의 생각이 아니라는 증거로 보도의 객관성을 높이기 위해서 전문가 인터뷰를 넣는다. 이때 전문가의 말은 10초를 넘을 수 없다. 생각해보라. 전문가가 1분 동안 나오면 기자가 말할 시간이 30초밖에 안 남는다. 그래서 전문가 말은 되도록 짧게 처리한다. 어차피 형식미를 갖추는 것이 목표이기 때문에 어떤 분야의 어느 전문가가 한마디 했다는 사실이 보도의 객관성과 신뢰도를 높이는 데 중요한 것이다.

한 정신과의사가 뉴스에 나와서 인터뷰해달라는 요청을 받았다.

보도 주제는 청소년의 정신건강, 스트레스, 일탈행위였다. 기자가 카메라맨과 함께 병원으로 찾아가자 정신과의사는 청소년의 정신건강과 스트레스에 대해 전문가로서 차근차근 짚어주었다. 그날 밤, 9시 뉴스를 본 그는 깜짝 놀랐다. 10초도 안 되는 시간에 나간 말이라고는 "이런 경우는 병원에 가봐야 합니다."가 전부였다. 앞뒤 말은 죄다 거두절미되었다.

일본 문화 개방에 대해 인터뷰한 사례도 있다. 기자의 인터뷰 요청을 받은 전문가는 일본 방송을 포함한 일본 문화 개방의 의의, 긍정적 효과와 부정적 영향, 대응책 등에 대해서 이야기했다. 그날 밤 방송 뉴스에 나간 인터뷰 내용은 "일본 문화를 개방할 수 있는 건 우리 문화에 대한 자신감이 있기 때문이지요."였다. 이 전문가는 방송의 메커니즘을 잘 알았기에 그리 놀라지는 않았다.

방송기자가 인터뷰를 요청한다면 이런 점을 마음에 새길 필요가 있다. 내가 이야기하는 내용이 방송에 다 나오지는 않는다는 것이다. 그리고 내가 말한 내용 중에서 어떤 부분이라도 사용될 수 있지만, 어떤 부분이 사용될지는 전혀 알 수 없다는 것이다. 사실 두 번째를 더 유의해야 한다.

컨텍스트 없이 텍스트만 전달되면 위험하다. 그렇기 때문에 거두절미하고 어떤 부분을 잘라서 편집해서 넣더라도 문제가 없을 이야기를 해야 한다. 이상하게 내용 전체의 컨텍스트를 떼어내고 편집하면 발언 의도와 전혀 다르게 비춰질 위험도 있다. 말의 메시지에서는 텍스트도 중요하지만 그 말이 나온 컨텍스트도 중요하다.

기자들은 전문가의 코멘트를 사운드 바이트 형식으로 기사에 집어넣는다. 그래서 이야기를 길게 해도 나름대로 짧게 정리해서 쓰기도 하고 일부분만 집어넣기도 한다. 그래서 사운드 바이트로 인용하다 보면 말하는 사람이 통제할 수 있는 영역에서 한참 벗어난다.

그런데도 기자들과의 친분 등으로 인용 요청을 거절하지 못하는 경우가 있다. 그럴 때는 방송과 신문의 메커니즘을 알고 적절하게 대처해야 한다. 다음과 같은 점이 도움이 되겠다.

- 방송의 경우, 핵심을 한두 문장으로 축약해서 말한다.
- 구태의연한 표현을 쓰지 말고 핵심 사항은 귀에 쏙 쏙 들어오게 압축한다.
- 방송의 경우, 긴 문장은 곤란하다.
- 신문의 경우, 실명을 쓰지 말라고 요청한 뒤 도움말만 줄 수도 있다.
- 실명을 쓸 경우, 인용되어도 좋은 부분과 그렇지 않은 부분을 명확히 알려주고 구분해달라고 요청한다.
- 인용될 부분만 짧게 말한다.
- 길게 말하면 각색될 수 있으므로 인용될 문장을 정확하게 불러준다.
- 핵심 내용을 사운드 바이트로 처리되게 한다.
- 눈길을 끄는 표현으로 핵심을 전달한다.

뻔한 드라마의 뻔한 설정: 나쁜 예

예전에 텔레비전 비평을 써야 해서 특정 드라마를 봐야 했던 적이 있다. 극기 훈련을 하는 것 같았다. 그런 드라마의 '뻔한' 설정은 대략 이렇다.

우선 가족 간에 불화가 있다. 불화 없는 집이 어디 있을까만, 드라마의 기본이 '갈등'인 걸 원초적으로 보여주는 억지 갈등 설정은 보기 어렵다. 부자지간, 모자지간의 불화가 나오고 고부지간의 갈등은 당연하다. 가족 간에도 불화가 있을 수 있고 「무자식 상팔자」처럼 불화를 심리적으로 공감이 가게 잘 다룰 수도 있다. 문제는 불화 자체가 아니라 불화를 이미 설정해놓고 뻔한 설정의 막장으로 치닫는 것이다. 현실에서도 막장 시월드는 많다. 하지만 "세상에, 그런 일이……." 하면서 혀를 차며 들을 수 있는 이야기가 있고 들어주기 힘든 이야기가 있다. 드라마에서 막장 시월드를 너무 개연성 없이 그려내면 봐주기가 어렵다.

그리고 나중에 드러나는 출생의 비밀이 있다. 아예 대놓고 「출생의 비밀」이라고 제목을 붙인 드라마도 있다. 출생의 비밀이 없으면 주제를 못 잡고 극본의 분량을 못 채우는 것일까? 알고 보면 가까이 있는 사람이나 주인공의 반대편에서 악역을 맡은 사람이 갑자기 아빠, 엄마가 되기도 한다. 사랑하는 사람끼리 남매지간이 되기도 한다. 뭔가 이상한 낌새가 나오면 출생의 비밀이 시작되는 징조다. 그러다가 「스타워즈」도 아닌데 갑자기 "내가 네 아버지다I'm your father." 하면 실소가 나온다.

가족의 원수를 갚기 위해 평생을 헌신하는 설정도 흔하다. 뭔가 일을 벌여놓고는 매듭짓지 못하고 돌아가신 아버지의 뒤처리를 해야 하는 주인공이 많다. 아버지의 과거, 아버지가 만들어놓은 이복동생, 아버지의 복수 등으로 드라마를 끌고 간다. 아버지대의 일을 풀려고 한평생을 사는 사람이 현실에서는 얼마나 될까? 기억도 잘 나지 않을 듯한 어릴 적 일을 평생 가슴에 품고 살아가는 주인공이 나온다. 일의 발단은 어릴 적으로 거슬러 올라가는데 성인이 된 주인공은 어릴 적 일을 자세하고도 생생하게 기억한다.

절묘한 타이밍도 빠질 수 없다. 주인공의 운명도 운도 이제는 끝나는가 싶을 때 반드시 어디선가 구사일생의 구원자가 나타난다. 사극이라면 주인공이 죽을 고비에 놓였을 때 갑자기 어디선가 도와주는 화살이 날아온다. 아군이 나타나는 타이밍은 늘 이렇다. 주인공은 항상 살지만, 별로 안 중요한 사람은 허무하게 죽는다. 멀쩡하다가 갑자기 쓰러지거나 부상을 당한다. 사극의 경우 보통 "죽여주십시오."라고 대사를 하는 사람은 끝까지 산다는 아이러니가 있다. 하지만 "살려주십시오."라고 대사를 하는 사람은 보통 죽게 된다는 걸 경험상 안다. '생즉사 사즉생(살고자 하면 죽고 죽고자 하면 산다)'의 철학이 드라마에서 철저히 구현된다고나 할까?

게다가 이상하게 악당은 끝에 가서 자살하는 경우가 많다. 특히 사극에서는 악당이 자살을 많이 한다. 원수를 갚아야 하는데 주인공이 손에 피를 묻히면서 잔인하게 악당을 죽이는 일은 별로 없다. 결정적인 순간 악당이 알아서 자살한다.

비현실적인 외모나 나이에 걸맞지 않은 젊음은 어느 드라마에서나 기본이다. 평범한 외모에 뚱뚱하다면서도 「내 이름은 김삼순」의 김선 아처럼 예쁘고 부티가 흐른다. 다들 젊다 보니 할머니대, 어머니대, 딸대에 이르기까지 30년씩은 차이 나야 할 연령차가 각각 10년 정도씩밖에 나 보이지 않는다. 틴에이저일 때 아이를 낳았는지 도저히 3대라는 계산이 나오지 않는다. 「야왕」에서는 이덕화의 딸이 김성령이고 김성령의 동생인 유노윤호가 실은 김성령 아들이다. 도대체 이들의 나이 차이는 어떻게 되는가? 몇 살에 아이를 낳아야 가족 간에 이런 그림이 나오는가? 남자는 늙어도 되지만 여자는 절대 늙어선 안 된다. 그러다 보니 부부도 부녀뻘인 남녀 배우가 맡는다.

용두사망 vs 대기만성 드라마

드라마에는 두 종류가 있다. 용두사망형과 대기만성형이다. 초반 시청률은 좋다가 용두사미를 넘어서 용두사망까지 되는 경우도 있고 뒤늦게 시청자들의 눈에 들어 뒷심을 발휘하는 대기만성형 드라마도 있다. 드라마 시장이 단기전에서 장기전 양상으로 변하면서 나타나는 양상이다. 한두 편 봐가지고는 알 수 없다.

그렇다면 왜 용두사미가 되는가? 초반에만 노력과 물량을 쏟아 붓다가 후반으로 갈수록 시간에 쫓겨 방송 시간 채우기에 급급해지기 때문이다. 미니시리즈의 경우, 초반 4회까지의 시청률이 드라마의 성패를 가른다는 '2주의 법칙'이 있었다. 그래서 초반에는 기선을 잡기 위해 시간과 자원을 투자한다. 초반부 4회까지는 에너지를 집중할 수밖에 없는 제작 시스템이다.

편성을 따기 위해 4회까지는 대본도 공들여 쓴다. 하지만 일단 방송을 시작하면 5회 이후에는 거의 '생방송' 수준으로 대본을 쓰다 보니 '쪽대본'이 나오고 완성도가 떨어진다. 초반 시청률의 기세를 잡기 위해 4회까지는 수차례 대본을 고치며 완성도를 높인다. 하지만 그 뒤에는 전체 이야기를 회별로 어떻게 배분할지도 안 잡힌 상황에서 이야기를 끌어가다 보니 '생방송' 비슷하게 찍게 된다. 그러다 보면 자연스레 질이 떨어진다.

그래서 '2주의 법칙'이 무너진다. 이렇게 된 데는 매체가 많아지면서 시청자들의 시청 습관이 변한 것을 꼽을 수 있다. '본방사수'는 시간 맞추기가 어렵고 띄엄띄엄 보다 보면 드라마의 맥도 끊어진다. 그래서 인터넷 다시보기나 VOD로 드라마를 한꺼번에 즐기는 시청자가 늘고 있다. 그러다 보니 긴 호흡으로 봤을 때의 재미와 완성도가 중요해진다.

시청자들은 이미 수준 높은 미국이나 일본 드라마에 눈높이가 맞춰져 있다. 그래서 더는 4회까지의 '반짝 완성도'에 넘어가지 않는다. 입소문으로 검증받은 작품을 '찾아서 보는' 능동적인 드라마 시청 양상을 보이고 있다. 그렇기 때문에 초반 시선 잡기에 실패했다 하더라도 충분히 '재발견'될 수 있다. 「추적자」 같은 드라마는 입소문을 타고 시청률이 계속 올라갔다. 20회에 걸쳐 고른 완성도를 보여줬고 탄탄한 구성과 명대사로 시청자는 늘어만 갔다. 반대로 초반에 시선을 끄는 내용과 전개로 화제를 모았다 하더라도 갈수록 허술하거나 엉성한 전개를 보이면 외면당한다.

사실 「착한 남자」「드라마의 제왕」「야왕」「돈의 화신」은 초반에 기세를 몰아가다가 갈수록 엉성한 이야기 전개로 지루해졌다. 「청담동 앨리스」나 「보고 싶다」도 중반 이후 허둥지둥 갈피를 잡지 못했다. 초반부에 한껏 기대감을 부풀렸다가 5~6회만 되면 갈팡질팡 길을 잃었다. 「착한 남자」는 2012년 최악의 용두사망 드라마라는 평을 듣기도 했다.

「드라마의 제왕」은 드라마 제작 현실을 리얼하게 그려내 초반에 기대를 모았다. 상상을 초월하는 한국 드라마 제작 과정의 열악함을 실감나게 묘사했다. 생방송 촬영, 쪽대본 문제, 편성을 받기 위한 경쟁, 톱스타에게 회당 1억 원의 출연료가 오가는 현실, 톱스타의 언론 플레이 등도 나왔다. 촬영 테이프를 배달하던 택배기사 사망사건은 이 드라마가 채택한 소재인 드라마 제작 과정의 험난함을 압축적으로 보여주었다.

하지만 중반부에 들어가면서 밀도가 급격히 떨어졌다. 사건은 있었지만 현실감이 없었다. 뻔한 로맨스, 주인공의 실명 등 공감대가 형성되지 않는 스토리로 지지부진해졌다. 기본 전개에 맥이 풀리고 말았다. 식상한 러브라인은 리얼한 드라마 제작 과정의 험난함을 집어삼켰다. 역설적으로 드라마 속의 드라마 '경성의 아침'이 성공하면서 실제 드라마의 긴장감까지 동시에 사라졌다. 주인공의 갑작스러운 실명도 뜬금없는 전개였다.

「대풍수」도 용두사미였다. 거창하게 시작했지만, 벌려놓은 판을 어찌할 줄 몰라서 허둥지둥하며 갈 길을 잃었다. 이성계의 조선 개국은 흥미로운 소재였다. 제작비도 100억 원을 들였다. 고려 말을 배경으로 공민왕, 노국공주, 신돈, 최영, 이색, 정도전, 이방원, 강비 등 이야기 소재도 무궁무진했다. 역사의 갈등만 따라가도 인기 드라마가 되는 데 무리는 없어 보였다. 하지만 드라마는 개연성이 부족한 허술한 전개로 시청자를 실망시켰다. 뻔히 눈에 보이는 음모의 반복으로 긴장감을 이어가지 못했다. 민폐녀 반야는 줏대가 없어서 드라마를 산만하게 만들었다. 인물들의 감정선과 행동 이유를 설명하기에는 개연성이 부족했다. 그러다 보니 드라마가 갈 길을 잃었다. 스토리 전개의 개연성이 떨어지는 것이 가장 큰 문제였다. 사실 스토리의 개연성이 부족하면 회별 설정에서라도 긴장감을 주어야 하는데 그렇지도 못했다. 긴장감이 최고조에 이르기도 전에 흐지부지 넘어가버리는 장면이 자꾸 나왔다. 의미심장할 수 있는 스토리도 겉도는 듯한 인상이었다. 뒤로 갈수록 드라마는 길을 잃고 헤맸다. 색다른 소재나 100억 제작비도 탄탄한 스토리 없이는 용두사미가 돼버린다.

극 초반에 집중했던 힘을 드라마가 끝날 때까지 유지하기는 쉽지 않다. 미국에서 제작된 드라마들을 보면 시즌 9까지 100여 편을 만들면서도 완성도가 거의 균일하다. 초반에만 잘 만드는 일은 거의 없다. 그런 드라마들은 일찌감치 폐기처분된다. 미국에서는 파일럿 방영 이후 단 4회만 방송하고 폐지되는 드라마도 있다.

16~24회의 드라마를 지속적으로 탄탄히 만들기는 어렵다. 그러려

면 그 정도로 탄탄한 원작이나 작가가 있어야 한다. 제작 시스템도 거기에 따라야 한다. 우리나라에서도 시즌 10까지 계속되는 드라마를 보고 싶다.

「무자식 상팔자」의 세밀한 재치

용두사미로 끝나버리는 드라마의 대척점에 서 있는 드라마가 김수현 작가의 「무자식 상팔자」다. 더하거나 뺄 것도 없는 홈드라마의 전형이다. 대단한 갈등, 복수, 살인 같은 건 아예 없다. 갈등의 주요 내용도 결혼, 출산, 이혼이다. 어느 드라마에서나 반복되는 이야기다. 그러나 김수현 작가는 익숙한 풍경 속에서 새삼스럽게 발견하는 정황을 통해 일상성을 세밀하게 그린다. 스케일이 큰 갈등이 중요한 것이 아니다. 작은 갈등이라도 심리적으로 집요하게 물고 늘어진다. 각자의 처지를 설명하고 심리를 대사로 구구절절 말해준다. 그래서 미묘한 감정, 욕망, 심리를 포착해낸다. 재치 있는 대사는 이 드라마를 '김수현표 블랙코미디'로 만들었다.

「무자식 상팔자」의 시청률은 계속 올라갔다. 종편 사상 최초로 10퍼센트를 넘겼다. 지상파에서 방송했으면 40퍼센트 이상의 시청률이 나왔을 것이다. 「내 딸 서영이」처럼 전개가 지루한 드라마가 시청률 40퍼센트를 넘을 수 있었던 이유는 간단하다. 그 시간대에 경쟁 드라마가 한 편도 없었기 때문이다. 서영이가 형편없는데 시청률이 높았다는 것이 아니다. 평균작은 된다. 하지만 그 정도 드라마는

'센 경쟁자들'과 붙었을 경우 절대로 그런 시청률이 나올 수 없다. 경쟁 드라마가 없어서 그 정도 시청률이 나온 것이다. KBS2 텔레비전 혼자서 홈드라마를 방영하는 주말 저녁 7시대라서 「넝쿨째 굴러온 당신」에 이어 그 정도 시청률이 나왔다. 「무자식 상팔자」가 그 시간대에 방송되었다면 시청률은 더 엄청났을 것이다.

김수현 드라마가 인기 있는 이유는 아무도 본 적 없는 이야기를 하는 데 있지 않다. 오히려 모두가 알고 있지만 좀처럼 재연되지 않았던 방식으로 이야기를 끌고 나가기 때문이다. 요즘 '독한' 드라마들의 문제가 뭔가? '아무도 본 적 없는' 이야기를 하는 데만 초점을 맞추고 있다. 아무도 본 적 없는 희한한 이야기를 20회까지 끌어나가려니 엉성한 골격에 어설픈 설정이 나온다. 그래서 공감할 수도 없는 희한하게 독하기만 한 드라마가 되는 것이다.

「무자식 상팔자」에는 가족 구성원 하나하나의 다양한 이야기가 나온다. 갈등 양상은 다양하다. 미혼모, 고부 갈등을 겪는 시어머니와 며느리, 퇴직 가장, 외도, 부부의 불화, 불효를 저지른 자식까지 다채롭게 나온다. 그러다 보니 시청자들은 극 중 캐릭터와 상황에 자신을 맞추어 보게 된다. 어느 하나는 내 이야기라는 느낌이 드는 것이다.

김수현의 드라마에는 대사 한 줄 한 줄 역할 없는 대사가 없다. 그렇기 때문에 평범한 가족의 평범한 일상인데도 마력처럼 끌리는 매력이 있다. 「무자식 상팔자」의 명대사들에는 구태의연함 대신 재치가 들어 있다. 쫀쫀한 대사 열전이 드라마의 힘이다. 대사에서 날카롭게 사회비판을 하기도 한다. 뭉클한 가족애를 보여주기도 한다. 절묘한 표현으로 유머를 선사하기도 한다. '10분마다 명대사가 튀어나온다' 는 네티즌의 반응은 전혀 과장된 것이 아니다. "대사가 차져요." "대 사 하나하나가 예술" "김수현 작가의 대사는 서로 핑퐁처럼 주고받는 묘미" "오랜만에 드라마에서 듣는 시원한 대사들" 등의 댓글이 올라 온다.

• 이순재 할아버지

"나는 네 할머니하고 육십 년 해로했어. 엄청 오랜 것 같지? 아니 야. 내가 살아보니 그리 길지 않아. 일장춘몽, 남가일몽이야. 인생 낭비하지 마라. 그저 화평하게 즐겁게 유쾌하게 재미있게 날마다 콧노래 부르며 살아. 화내고 찌푸리고 다투고 침울하게 낭비하기 에는 너무 짧고 너무 아까운 시간이야."

(결혼 후 시댁으로 인사 온 손자부부에게)

"애들이 왜 이렇게 천지분간 없는 물건들이 됐는지 알아? 어른이 어른 노릇을 포기하면서부터야. 도대체가 지하철에서 늙은 사람 머리채 잡아 흔드는 미친 것이 없나, 이런 괴물들이 생기게 한 게 결국은 비겁한 어른들, 꿀 먹은 벙어리 되면서부터, 자업자득이란 말이야."

(어른들께 인사드리는데 짧은 치마를 입고 나타난 손자며느리를 훈계하며)

"네 남편이 하늘에서 뚝 떨어진 물건이 아니야. 네 남편을 세상에 태어나게 했고 공들여 키워낸 부모 싫다, 싫다. 시집 일 귀찮다, 귀찮다. 성기만(대기를 성기로 착각해서) 내놔라. 그건 경우가 아니라

날강도야."

(손자며느리에게)

• 이 드라마로 '국민아빠'가 된 유동근

"그런 놈 내가 싸대기라도 멱살이라도 박치기라도 해야지. 내가
애빈데…… 내가 아빤데!…… 앉혀놓고 그냥 바라보기도 아까운
놈인데……."

(만삭의 딸을 처음으로 보고 난 뒤)

"자식 겉 낳지 속 낳는 거 아니라더니…… 나는 자식 모르고 자
식은 나 모르고. 십 분의 일씩도 모르면서 다 안다고 그렇게 속으
면서…… 그러다가 한 번씩 엉덩방아 찧으며 그런 건가보다……."

(미혼모가 되는 딸 일로 마음고생하면서 아내에게)

"아무리 큰 사고를 치기는 했어도, 그래도 그게 우리 소영이 인격,
인권까지 짓밟힐 일은 아냐. 똑바로 알아 둬. 그렇다고 내 딸 아닌
거 아니고, 나 네들 형 아닌 거 아니고, 소영이 무시하지 마라."

(삼촌들이 의논 중 딸을 거친 언어로 지칭하자)

• 퇴직 가장 송승환

"형…… 나 진짜 왜 이런지 모르겠네…… 자꾸만 처져, 자꾸만,
안 그러려고 하는데 내 의지랑은 상관없이 발이 자꾸만 수렁으로
들어가려고 하는 느낌…… 잠도 안 오고…… 식욕도 없고 머리는
멍하고…… 집사람 왔다 갔다 하는 거 꼴도 보기 싫고, 집사람이

내는 소리도 듣기 싫어 죽겠고……."

(형에게 우울한 마음을 솔직하게 털어놓으며)

"여보, 그동안 가족 위해 정말 수고 많았어. 정말 고맙게 생각해. 평생 수고했으니 이제 그동안의 피로 풀면서 편안하고 여유 있는 은퇴생활 즐겨. 당신은 충분히 그럴 자격 있어. 내가 듣고 싶은 건 이거였어. 당장 생활비 줄인다는 말이 아니라."

(가출한 송승환, 퇴직한 직후 아내와 싸웠던 일 회상하며)

"그건 도저히, 도저히 어떻게 말로 풀어내 놓을 수가 없어. 배낭에 양말이랑 팬티 다섯 장 꾸겨넣는 그 순간 참담함이란 내 정말 그걸 어떻게 말로 표현해. 마누라는 세상모르고 자는 시간에, 아니 천지가 다 고요히 잠자는 시간에 현관 나서 대문 나서 터덜터덜 동네 밖으로 나가면서…… 그 형언할 수 없는 쌔애애…… 손톱으로 심장을 긁어 파는 것 같은 통증, 그건 정말…… 세상에 태어나 그런 처절한 통증은 처음이다."

(송승환이 집으로 돌아온 후 가출할 때의 심경을 이야기하며)

「추적자」의 명대사, 놀랍다

SBS에서 방송한 「추적자THE CHASER」는 대기만성형 드라마였다. 마지막 시청률 22.6퍼센트로 대단원의 막을 내렸다. 「추적자」는 처음 시작할 때 MBC 「빛과 그림자」에 밀려 2위 자리를 유지했다. 하지만 「추적자」의 탄탄한 스토리는 입소문을 타고 퍼져나갔다. 1회를 보면

20회까지 다 보게 된다는 중독성이 있었다. 다음 회가 어떻게 될지 궁금해서 견딜 수 없게 만드는 드라마였다. 결국 「추적자」는 「빛과 그림자」가 끝나자마자 1위 자리를 차지했다. 「추적자」는 '시작은 미약하나 끝은 창대하리라'라는 성서 구절처럼 대기만성형 드라마였다.

이 드라마에는 톱스타도 없었고 로맨스도 없었다. 그래서 처음에는 시청자들에게 주목받지 못했다. 별로 기대도 안 했다. 하지만 탄탄한 스토리에다 긴박한 전개로 인기 드라마 반열에 올랐다. 뛰어난 연출력도 돋보였다. 하지만 가장 큰 공신은 탄탄한 대본이다. 사회성 짙은 소재와 긴박감 넘치는 이야기가 시청자들을 끌어들였다. 빠른 전개도 놀라웠다. 1, 2회를 보고 나서 '이렇게 전개가 빠르면 20회까지 어떻게 끌고 나가지?'라는 생각이 들었다. 한 회가 영화 한 편처럼 긴박하고 탄탄하게 전개되었다. 완벽한 복선도 한몫했다. 그리고 각각의 캐릭터도 개성 있게 살아 있었다. 조연인 조 형사와 용식이의 코믹한 로맨스도 개성 있었다.

「추적자」의 대사는 지나가는 대사조차 버릴 게 없었다. 대사를 쓰는 작가의 기운이 전체 드라마에 강렬하게 녹아 있었다. 인터넷에서 「추적자」 어록까지 만들어졌다. 명대사의 행진은 끝이 없었다.

「추적자」 서 회장의 명대사

• 이 나라 백성들 맘을 우예 알겠노. 4·19가 일어났을 때 민주주의다 뭐다 그래 난리를 치더이만, 한 해 뒤에 5·16이 일어나니까 민주주의보다 경제발전이 중요하다고 난리를 쳤다아이가. 어제

다르고 오늘 다른 게 이 나라 백성들의 맘인 기라.

• 대통령이 모라꼬? 로마로 치자면 평민들이 뽑는 호민관 아닌가. 이 나라는 그 위에 원로원, 집정관, 황제가 있데이.

• 혜라야, 내가 우째 술을 배웠는지 아나? 스무 살 때 옆집 딸내미를 좋아했다. 그런데 그 딸내미가 다른 데로 시집을 갔다아이가. 마음 쓰리고 그래서 술을 배웠다. 그런데 두어 달 지나니까 그 딸내미 잊어버리고 술 먹는 버릇만 남았다. 지금은 그 딸내미 이름 기억도 안 난다. 그래도 요즘도 술은 먹는다. 꿈도 그런 기다. 처음엔 페어한 세상을 만들겠다, 뭐 하겠다고 하면서 정치판 끼어들지만 이제 니는 내가 잊어버린 그 딸내미 이름처럼 처음 뭘 하겠다는 것도 잊어버리고 권력을 갖겠다는 욕심만 남은 기라.

• 제가 다른 놈과 똑같다고 말하는 사람은 못 봤다. 혜라야, 우산은 장마 때 팔아야 이문이 남는 거다. 가뭄이 오면 아무리 좋은 우산이라고 해도 제값을 못 받는 법이다.

• 내 말 잘 들어라. 자존심은 미친년이 머리에 꽂고 있는 꽃과 같은 기라. 왜 시골 마을에 꽃 꽂고 다니는 미친년 안 있나. 그런데 희한하제. 암만 얼굴을 만지고 때리고 그래도 하하 웃던 애가 머리의 꽃을 만지면 살쾡이로 변해서 덤비는 기라. 지한텐 머리의 꽃이 지 몸보다 중요한 기라. 사람들은 미쳐서 그런갑다 하겠지만 내가 볼 땐 다 똑같은 기다. 사람들은 머리에 하나씩 꽃을 꽂고 산다. 아무 쓸모없는데도 지 몸보다 중요하다고 착각하고 사는 게 하나씩 꼭 있다. 니한텐 그게 자존심이다.

• 새 집으로 이사하면 누구라도 한참은 들떠 있는 법이데이. 청와대 들어가 있는 아들도 매한가지다. 앞에서 일한 놈들은 모자라 엉망인 것 같고 저그들이 하면 다 잘할 것 같제? 아이고 김밥집 하나 채리는 데도 지 뜻대로 안 되는 법이데이. 아, 주방장 말 안 듣고, 아줌마들 수시로 관두고. 그칸데 나랏일을 지들이 잘하겠노? 한두 해만 기다려 봐라. 주방장하고 아줌마 구해달라고 손들고 찾아올 기다.

• 내가 소학교 다닐 때 산 넘어 학교 가다가 책 하나 안 주웠겠나. 우찌나 재밌든지 읽다가 나무에 부딪히고 또랑에 빠지고. 내도 영욱아, 글쟁이가 되고 싶었데이. 그칸데 위로 형 둘이 징용 가서 죽어삤제, 아버지는 간도가 자리 잡는다 하더니 연락도 없제, 동생 넷 하고 다리 저는 어매만 남았는 기라. 고때가 내 나이 열두 살이었데이. 그래가 학교 작파하고 지게 지고 역전에 안 나갔나 내가. 집에 들어가면 어매하고 동생 넷이 내 주머니만 보는 기라. 오늘은 얼마나 벌었을까, 쌀은 몇 되나 살 수 있을까 요라고 보는 기다. 요 때 생각했데이. 사나이는 돈을 버는 것이 다인 기라. 자식 굶기면서 옳은 소리만 하는 것 그것만큼 큰 죄는 없는 기라.

• 내가 민성이만 할 때 명절 때마다 동네에서 소싸움 했다아이가. 거기서 몇 년을 내리 이긴 황소가 있었다. 그놈이 우째 죽었는지 아나? 모기한테 물려 죽었다. 아, 지보다 두 배나 큰 놈을 납죽납죽 넘기던 놈이, 지 눈에도 안 보이던 모기에게 물려 죽었다아이가.

「푸른 거탑」, 빵 터진다

처음에 반짝하며 시선을 사로잡았다가 용두사미로 끝나고 마는 드라마가 있는가 하면, 시종일관 같은 톤으로 시청자를 사로잡는 드라마도 있다. 어느 겨울날, 텔레비전에서 우연히 보게 된 「푸른 거탑」은 그런 점에서 완전히 넋을 뺄 드라마다. 한 번 보고 나서 이 프로그램에 매료된 뒤 1회부터 24회를 온종일 방송해주던 날, 완전 정복을 했다. 그러고 나서 어느 저녁 모임에서 군대를 소재로 한 이 드라마가 아주 재미있다는 이야기를 했다. 그랬더니 그 자리에 있던 남자분들은 다 그랬다.

"그건 강 교수가 군대를 안 갔기 때문일 거야."

군대를 안 갔기 때문에 군대 이야기가 재미있을 수는 없다. 술자리에서 군대 이야기 나오면 여자들은 다 지루해한다. 그런데도 「푸른 거탑」이 군대를 안 갔다 온 여자나 군대를 갔다 온 남자를 모두 사로잡는다는 건 놀라운 일이다.

의학 드라마 「하얀 거탑」을 패러디한 tvN의 시트콤인데 '메디컬'을 살짝 바꿔서 '군디컬(군대+메디컬) 드라마'라고 스스로 칭한다. 2012년 3월부터 '재밌는 TV 롤러코스터'의 한 꼭지로 방영되었는데 인기가 치솟자 아예 독립 프로그램으로 편성됐다.

용두사미가 아니라 시종일관 어느 에피소드를 보더라도 균질하게 재미있다. 군대 이야기를, 술자리에서 군대 이야기 나오면 집에 갈 때가 되었다고 하는 바로 그 군대 이야기를 하루 종일 봐도 재미있다는 건 대단한 거다. 그야말로 스토리텔링에서 중요한 것이 '스토리'가 아니라 '텔링'이라는 걸 증명해준 드라마다. 그만큼 질리도록 들은 군대 이야기를 재미있게 풀어간다. 어느 에피소드 하나 빠지지 않고 균등한 질을 유지한다. 전개속도도 너무 느리지도 않고 너무 빠르지도 않다. 똑같은 시속을 유지하며 웃음을 빵빵 터뜨리게 하는 드라마다. 재치가 있다.

'깔때기 이론'이라는 말이 있다. 남자들이 술자리에서 이런저런 얘기를 하다가 결국 '군대와 여자'라는 두 주제로 대동단결한다는 우스갯소리다. 이론이라고 하기에는 뭣하지만, 결국 이렇게 된다는 현상을 종합적으로 보여준다.

군대, 그건 대한민국에서 성역이다. 아무리 스펙 좋고 잘난 사람이라도 본인이나 아들의 병역에 잡음이 있으면 추락할 수밖에 없다. 하늘 높은 줄 모르고 올라가다가도 아들의 병역비리에 걸리면 날개도 없이 추락한다. 아들 둔 평범한 집안치고 군대 문제에 예민하지 않은 집은 없다. 내 자식은 그 고생하며 군대를 갔다 왔는데 돈과 권력이 있는 누구네 자식은 빼돌렸다면 용서가 안 된다. 감정 문제요, 국민정서 문제다. 이렇게 군 문제에 엄숙한 우리 사회에서, 한없이 무거울 수 있는 군대 소재 드라마가 이렇게 큰 웃음을 선사할 수 있다는 건 유쾌한 반전이다.

「푸른 거탑」은 계속 자체 최고 시청률을 갈아치우며 상승세를 이어가고 있다. 남성 팬들의 열렬한 지지를 받고 있을 뿐만 아니라 여성 시청자들에게도 높은 인기를 얻고 있다. '군대 이야기=지루하고 듣기 싫은 이야기'로 프로그래밍되어 있던 나의 전두엽(「푸른 거탑」의 유행어)

을 이 드라마는 완전히 바꿔 놓았다.

「푸른 거탑」은 군대 에피소드를 깨알같이 세밀한 심리묘사로 다뤄
낸다. 군대 속에 최신 트렌드를 반영해서 더 참신하다. 군대는 철저
한 계급사회다. 이 계급사회는 결국 군 생활의 연장선인 사회생활에
도 적용되기 때문에 군대를 안 갔다 온 여성들에게도 공감을 불러일
으킨다.

이 드라마가 이토록 단숨에 인기를 끈 비결은 군대라는 소재에 입
힌 패러디 덕분이라고 본다. 남자라면 누구나 가지고 있는 군생활에
대한 추억을 심각한 의학드라마로 패러디한다. 드라마 에피소드마다
유격훈련, 군대 축구, 혹한기 훈련, 태권도 승단심사같이 군대에서
일어나는 일을 상황극으로 보여준다. 신병 이용주가 휴가 나가려고
휴가를 가로막는 장애물을 온몸으로 막아내는 에피소드도 있다. '말
년' 최종훈이 태권도 단증을 따야만 하는 절박한 상황도 나온다. 그
는 태권도 유단자가 되기 위해 180도 다리 찢기와 산속을 뛰어다니
는 수련도 마다하지 않는다.

군대라는 특수 상황이 아니라면 사소하게 느낄 일도 드라마 속 군
인들에게는 엄청나게 심각한 일이 된다. 초코파이 하나를 얻어먹으
려고 교회에 나가거나 초코파이 두 개를 준다는 걸 알고는 종교를
바꾸기도 한다. 콜라까지 준다는 정보에 충격을 받고 또다시 급히 개
종한다. '군대기어' 에피소드는 tvN 프로그램인 「탑기어 코리아」를 패
러디한다. 「탑기어 코리아」가 고급 승용차나 경주차량에 집중하는 반
면 '군대기어'는 군용차에 몰두한다. 이런 때마다 드라마 「하얀 거탑」

의 묵직한 배경음악이 흐른다. 코믹한 상황을 너무 진지하게 연출하기에 웃음이 터질 수밖에 없다.

'군대에서 ○○한 이야기'는 끝이 없을 정도로 소재가 무궁무진하다. 그래서 군대 시트콤은 소재 면에서도 장점이 있다. 특히 시트콤에서 필수불가결한 요소인 캐릭터 구축도 계급에 따라 정해진다. 군대에서 축구는 실력이 아니라 계급으로 승부가 결정된다. 제대를 눈앞에 둔 말년 병장(최종훈)은 매사에 불평불만이 많고 꾀병을 자주 부린다. "말년에 곡괭이질이라니……." "말년에 산비탈에서 엉덩이를 까다니……." 등 '말년에'를 입버릇처럼 내뱉는다. '대뇌의 전두엽까지 엔도르핀이 왔다'는 유행어에서도 웃음을 선사한다.

병장도 내무반에서 막강한 권력을 휘두른다. 계급에 따라 선명한 캐릭터가 에피소드를 생생하게 만든다. 사실 이 같은 캐릭터는 어떤 조직에서든 계급에 따라 볼 수 있을 법하다. 굳이 군대까지 가지 않더라도 조직에서 볼 수 있는 인물들이다. 신병이 후임병을 받게 되면서 안도하지만, 새로 들어온 신병이 자신보다 나이가 많아 당황하는 에피소드도 있다. 누구나 공감할 수 있는 상황이다.

재치 있는 편집도 큰 역할을 한다. 군인의 4박 5일 휴가를 4.5초로 편집하는 재기발랄함으로 완전한 공감을 불러일으킨다. '군대에서의 4박 5일 휴가는 4.5초처럼 짧게 느껴진다'고들 한다. 고된 일상 속에서 달콤한 휴가기간은 누구에게나 그만큼 짧게 느껴진다. 「푸른 거탑」은 이런 심리를 포착해 실제로 주인공이 휴가 보내는 장면을 4.5초로 편집하는 깨알 같은 재치를 보여주었다.

「푸른 거탑」은 또한 현미경 같은 심리묘사와 절묘한 편집이 가장 큰 장점이다. 드라마 「하얀 거탑」의 주제 음악을 적절히 사용하는 것도 시청자들의 몰입과 재미를 극대화한다. 말년 병장이 등장할 때 그의 주위에 파리를 날리거나 극적인 장면에서 출연자들의 얼굴과 몸에 만화적인 CG가 더해지기도 한다.

아는 사람은 알아서, 모르는 사람은 신기해서 재미있는 것이 이 드라마다. 작은 집단에 있는 미묘하고도 치사스러운 권력 구조를 꿰뚫고 있다. 지금까지 군대는 많은 개그 코너에 등장했다. 하지만 이 모든 개그 프로그램은 군대의 설정만 가지고 있었다. SBS 「웃음을 찾는 사람들」에서 했던 '그런 거야', KBS 「개그콘서트」의 '동작 그만'은 모두 군대를 배경으로 했다. 하지만 거기까지였다. 「푸른 거탑」은 군대에서 일어나는 에피소드를 주인공으로 '돌직구'를 던진다. 훈련 복귀 중 낙오, 전국 팔도에서 모여든 사투리와의 전쟁, 어리바리한 이등병의 실수담 등 병영생활에서 실제로 일어나는 이야기를 담았다.

군대를 다녀온 남성이라면 "나도 저랬지." "맞아, 저런 애 꼭 있어." 하면서, 여성 시청자들은 "군대에서는 저런 일도 있어?" 하면서 각자의 방식으로 「푸른 거탑」에 빠져들 수 있다. 남자들은 술자리에서 군대 이야기로 밤을 새울 수도 있다고 할 정도로 소재는 무궁무진하다. 이런 에피소드를 재치 있게 풀어내는 김기호 작가도 대단하다. 거의 신들린 듯한 글 솜씨다. 드라마 처음부터 끝까지 눈을 떼지 못하게 만들고 귀를 집중하게 만든다. 군대에서 축구한 이야기까지도 아주 재미있게 풀어낸다.

명불허전 「롤러코스터」

tvN의 「롤러코스터」에는 강호동도 없고 유재석도 없다. 그런데도 이른바 '대박'이라는 시청률이 나왔다. 부족한 제작비, 떨어지는 채널 파워에도 저력을 발휘한다. 재치 덕분이다. 여러 가지 코너 중에 '남녀탐구생활'이 가장 인기가 있었다. 주인공은 대한민국 99퍼센트의 남자, 99퍼센트의 여자다. 생활습관, 심리, 말투에서의 남녀 차이를 주제로 삼았다. 배가 좀 나온 남자 주인공 정형돈은 씻기를 귀찮아 하고 리모컨은 발로 집는다. 여자 주인공은 화장과 쇼핑에 목숨을 걸고 남자 앞에서는 고단수 내숭을 떤다. 남녀의 생각 차이, 행동 차이를 깨알같이 묘사하면서 재치 있는 설명을 곁들인다. 대부분 '저건 내 얘기'라며 공감하게 된다.

흔히들 얘기하는 '화성에서 온 남자와 금성에서 온 여자'의 차이점을 코믹하게 짚어주는 코너다. '남자는 여자를 모른다' '여자는 남자를 모른다'는 설정으로 같은 주제를 가지고 남자와 여자가 어떻게 다른지 행동의 차이를 보여주었다.

레스토랑에만 가면 카메라로 음식을 찍어서 '사진 찍는 귀신'이 들린 듯한 여자들, 직장 상사 험담으로 대화를 시작해서 군대를 거쳐 여자 이야기로 술자리를 마무리 짓는 남자들, 이런 행동을 깨알같이 그려냈다. 그리고 성우 서혜정 씨의 무심한 내레이션에서 특이함은 정점에 달했다. 감정을 완전히 뺀 무미건조한 목소리와 톤이 압권이었다. 남녀의 행동을 보고 「동물의 왕국」 내레이션처럼 담담하게 설명했다.

오줌을 싸는 남자를 묘사하는 부분은 이렇다. "이런 젠장. 조준 실수로 '쉬야'가 튀었네요. 난감하지만 간단한 해결책이 있어요. 남자의 옷은 수건 기능도 겸비하기 때문이에요. 볼일을 다 보고 나면 장단에 맞춰 털어요." 만반의 준비를 하고 소개팅에 나간 여자가 남자를 처음 보고 실망하는 대목에서 서혜정 성우의 "아, 쓰바…… 별로예요."라는 내레이션은 압권이었다. 지적인 여성의 대명사인 스컬리 목소리로 간혹 '이런 젠장' '아, 쓰바' 등의 대사가 튀어나올 때 아이러니는 '남녀탐구생활'의 웃음 기폭제 중 하나다. 무미건조한 톤으로 '우라질레이션' '젠장' '망할' 등의 비속어도 또박또박 뱉어낸다. 서혜정 씨는 「스타킹」에 출연해 "정확한 발음으로 감정과 리듬을 빼는 것이 노하우"라고 밝혔다. 실제 '남녀탐구생활'에서 서혜정 씨 분량은 방송 초반 A4 10장에서 후반으로 가면서 30장으로 늘어났다.

연령이나 남녀를 불문하고 고개를 끄덕일 수 있는 이야기로 이어가는 「롤러코스터 2」의 키워드는 바로 '공감'이다. 일상생활에서 흔히 일어나는 에피소드를 재치 있게 풀어낸다. 디테일한 구성과 빠른 전개, 일상생활의 공감 소재가 인기 비결이다. 「롤러코스터」 중 '남녀탐구생활'은 '처음부터 대박 아니면 쪽박'일 것이라는 제작진의 예상이 있었다. 결과는 대박이었다.

그동안 다룬 내용은 남녀의 소개팅 준비, 첫 키스 준비, 친구들과의 만남, 공중화장실 사용법, 목욕탕 이용방법, 남자친구의 군입대, 쇼핑 방식, 방귀 트기 등 참으로 다양하다. 소소한 일상생활을 다루면서도 재치 있게 묘사했다. '남녀탐구생활'에서 작가는 1인칭 관찰자 시점으로 각기 다른 남녀 이야기를 단문으로 구성한다. 마치 작가는 인간이 아닌 듯 「동물의 왕국」을 보며 남 이야기하듯 묘사한다. 철저한 객관화가 포인트다. 거기에 '쓰바' '우라질네이션' '된장고추장쌈장' 등 케이블 채널이기에 허용 가능한 재치를 발휘한다. 1인칭 관찰자 시점, 재치, 내레이션이 합쳐져 '남녀탐구생활'만의 색깔을 갖게 된다.

'남녀탐구생활'이 크게 성공한 것은 기획의 힘이다. 케이블 채널만의 특성을 최대한 살려서 과감하게 시도했다. 누구나 알고 있지만 입으로 꺼내기 힘든 이야기를 소재로 다루었다. 뻔한 이야기를 뻔하지 않게 풀어내 공감을 이끌어내는 재주를 발휘했다. 누구나 공통적으로 겪는 이야기를 뻔하지 않은 방식으로 다루었다. 이런 차별화 전략이 성공 비결이었다.

'남녀탐구생활'의 인기 비결은 무엇일까. 이성수 PD는 "실생활에서 흔히 볼 수 있는 이야기를 웃음으로 풀어내 공감대를 샀다. 공통적인 이야기를 했기에 인기를 끌 수 있었다."라고 말했다.

'남녀탐구생활'의 명대사

• 완벽한 블라우스에 어울리는 완벽한 스커트를 찾을 때까지 돌아봐요. 백화점은 원래 백 바퀴를 돌아서 백화점이니까요. (쇼핑 여자 편─백화점 안을 돌아다니는 장면)

• 그러자 언니는 네가 옛날에 내 옷 입은 것과 똔똔 아니냐며 적반하장식 대응으로 나와요. 오래 살아서 그런지 말도 더럽게 잘해요. (자매싸움 편─언니에게 따지지만 말싸움에서 밀리는 장면)

• 사원증을 목에 걸고 한 손에는 아메리카노 커피를 들어야 뭔가 잘나가는 직장여성이자 현대여성이 된 듯한 기분이 들어 뿌듯함과 자부심이 느껴져요. (직장인 점심시간 여자 편-식사하고 돌아오는 길에 커피를 들고)

• 남자는 감정을 잡고 눈물을 글썽이며 "저 시키가 계란을 말도 없이 먹었단 말이야."라는 억울함이 듬뿍 담긴 메시지를 호소해요. (형제자매 싸움 편-남자가 엄마에게 동생의 만행을 이르는 장면)

• 싼 옷 사주고 내 옷 고를 때 먼저 가고 싶어하는 남친에게 그럼 여자는 당당한 태도로 "네 옷만 사려고 내빼려는 거야?"라며 정색을 하고 화를 내요. (남친과의 쇼핑 편)

• 곰신(고무신) 카페 '강추 면회 코디법'대로 플레어스커트에 '청순가련 부끄부끄' 메이크업을 한 채 부대로 향해요. (국군의 날 특집 여자 편-군대 간 남자친구 면회 가는 장면)

• 여친과 헤어져 귀가한 남자는 발가락으로 컴퓨터 전원을 켜고 하의를 탈의한 후 의자에 앉아 최대한 편안한 자세를 잡아요. 팬티만 입어야 엉덩이에 땀이 차는 걸 막을 수 있기 때문이에요. 부팅이 될 때까지 한 손으로 코를 파고 한 손으론 마우스로 모니터에 네모를 만들어대요. (인터넷 사용 남자 편-컴퓨터 부팅 장면)

「강용석의 고소한 19」

케이블채널 tvN 「강용석의 고소한 19」의 재치도 심상치 않다. 솔직히 강용석 전 의원은 '고소왕'이라는 별명이 붙을 정도로 개그맨 최효종 씨를 고소하는 등 이미지가 좋지 않았다. 그런데 그의 이미지 반전을 가능하게 한 프로그램이 「강용석의 고소한 19」다. 돌직구 멘트를 던지면서 남들이 못하는 이야기, 방송에는 못 나올 것 같은 이야기를 거침없이 한다. 그리고 19개 랭킹이나 설명 방식도 재치 있다. 그래서 지루한 줄 모르고 보게 된다. 강용석 씨는 스스로 주업이 변호사고 희망직업은 국회의원이라고 한다. 만약 그가 앞으로 다시 국회의원이 된다면 「강용석의 고소한 19」가 상당한 기여를 한 셈이 될 것이다.

「강용석의 고소한 19」는 자체 최고 시청률을 계속 갈아치우고 있다. 최고 시청률 2.0퍼센트를 기록했다. 케이블 텔레비전에서 가장 중요한 타깃 시청률 성적도 좋다. 남녀 20~49세 타깃 시청자 사이에서도 전국평균시청률 1퍼센트를 돌파했다.

「강용석의 고소한 19」는 대한민국의 정치, 경제, 시사, 문화 중 흥미 있는 이슈를 골라서 매주 19개 차트로 제시하는 시사랭킹쇼 형식이다. 누구나 알고 싶지만 어디서도 들을 수 없던 정치 야사를 비롯해 정치인의 깨알 같은 뒷담화를 특유의 입담과 풍자로 풀어낸다. 매주 특정 주제를 19개 순위로 짚는다. 내 친구 남편의 연봉, 대통령·국회의원이 누리는 특혜, 내 아이 망치는 엄마들의 착각, 대한민국을 움직이는 연말모임 등을 랭킹을 매겨서 19개 항목으로 제시한다. 기존의 예능·시사·교양 프로그램에서는 다루지 않는 뜻밖의 정보를 제공해준다. 알아도 별 도움 되는 건 없지만 알고 보면 재미있는 정보다.

프로그램이 독특할 수 있는 비결은 랭킹과 강용석에게 있다. 강용석은 정치계에 관한 비하인드 스토리 정보도 주고 재치 있는 말솜씨로 재미를 더한다. 실제로 「강용석의 고소한 19」에는 대본이 필요 없을 만큼 '강용석 지식백과'에 대한 의존도가 높다. 19개 항목을 하나씩 소개할 때만 대본을 외운 듯 말을 읊을 뿐 나머지 방송시간을 채우는 제작진과 강용석의 질의응답은 100퍼센트 애드리브. "청와대에서 먹는 밥은 솔직히 맛이 어떠냐?"는 제작진의 질문에 강용석은 "결혼식 스테이크처럼 사실 맛이 없다."며 너털웃음을 짓는 식이다.

내 아이 망치는 엄마들의 착각 19가지 부분에서는 이런 항목이 있었다. 엄마들끼리 모여 앉아서 늘 입시에 대한 정보를 주고받는다는 항목이다. 강용석은 이렇게 말했다. 그건 바둑으로 치면 9급끼리(하수끼리) 모여 앉아서 바둑 이야기하는 것이나 마찬가지라고. 하수끼리 백날 정보를 주고받으면 뭐 하느냐는 것이다. 자기 생각에 가장 좋은 방법은 그전 해에 좋은 대학에 들어간 학생한테서 정보를 얻는 것이라고 한다. 좋은 대학에 들어간 학생이 어떻게 입시준비를 했는지 들어야 정보가 될 것이라는 거다. 게다가 학부모끼리는 엄밀하게 말하면 경쟁자다. 경쟁자끼리 정보를 주고받는 게 얼마나 도움이 될지 의문이라는 것이다.

「강용석의 고소한 19」의 '19'에 대해서도 프로그램을 연출한 문창주 PD는 한 인터뷰에서 "보통 성인물을 '19금'이라 칭하곤 하지 않나. 시사, 정치의 뒷얘기, 야사 등 또한 어찌 보면 쉽게 접근할 수 있으면서도 접근할 수 없는, 알고 싶어도 잘 알 수 없는 부분이라 '19'라고 표현해보았다. 물론 숫자 그대로 19개 랭킹을 표현하는 말이기도 하다."라고 설명했다.

아무도 건드리지 않았던 많은 이야기를 건드려 다룬다는 점에서 새로운 도전이다. 그리고 그런 형식과 재치가 기존에 없었던 신선함을 선사할 수 있다. 야사도 최대한 사실에 근거해 이야기를 풀어내려는 노력이 보인다. 딱딱한 시사와 말랑한 예능의 중간 지점을 절묘하게 공략한 쇼라고 할 수 있다.

정치인에서 예능인으로 변신한 강용석 변호사가 김구라와 함께 진행하는 「썰전」도 뜻밖이었다. 「썰전」은 이제 JTBC 예능의 간판 프로그램으로 뜨고 있다. 「썰전」은 제목 그대로 매운 혀의 전쟁, 독설의 진수를 보여준다. 독설과 막말의 아이콘 김구라가 내공 있는 돌직구의 힘을 보여준다. 강용석 변호사와 정치평론가 이철희 소장은 시사 토크의 새로운 장을 열었다.

강용석과 김구라의 만남을 놓고 공중파에선 절대 불가능한 조합이란 말도 나온다. 아나운서 발언 파동으로 몰락의 길을 걷다 최근 방송에서 떠오르고 있는 강용석. 과거 위안부 발언 파동으로 자숙의 시간을 보낸 김구라. 여기에 진보 성향의 정치평론가 이철희 소장이 가세하면서 '3색 트리오'가 완성됐다. 「썰전」은 마치 이들이 방송 카메라 없이 술집에서 거리낌 없이 이야기하는 내용을 시청자가 몰래 듣고 있는 듯한 기분이 들게 만든다. 독한 혀들의 전쟁답게 전혀 거침이 없다.

이철희 소장은 "요즘 알 수 없는 것 세 가지가 있다고 하는데 박근혜의 창조경제, 안철수의 새 정치, 김정은의 생각"이라고 일침을 놓기도 했다. 강용석은 과감히 외유는 국회의원의 꽃이라고 털어놓았다. "외국에 가서 현지인을 만나면 외교, 한국 사람을 만나면 외유"라는 솔직한 발언을 하기도 했다.

퇴출 위기를 겪었던 김구라·강용석 콤비는 스스로를 내려놓는 셀프 디스도 스스럼없이 한다. "우리는 9회 말 투 아웃의 사람들이다. 아무도 안 쓰는 김구라·강용석 가지고 프로그램을 만든 「썰전」이야말로 창조경제 프로그램" 등의 발언이 그렇다.

일단 세 MC는 독특한 캐릭터를 가지고 있다. 어디서나 대체 불가능한 캐릭터가 김구라다. 그리고 강용석은 정치인이라는 커리어와 예능인이라는 현실의 부조화가 대중에게 묘한 쾌감을 안겨준다. 이철희 소장은 까칠하면서도 귀여운 데가 있다. 이렇게 독특한 세 진행자의 호흡이 솔직하게 들어맞을 때 시청자는 현실을 초월한 듯한 쾌감을 느낀다.

재치 있던 토크쇼 「무릎팍도사」, 왜 폐지까지 갔나?

언젠가 손지애 당시 CNN 국장을 만나 「무릎팍도사」 이야기를 한 적이 있다. 우리나라에서는 왜 오프라 윈프리 같은 토크쇼가 나오지 못하는지를 이야기하다 화제가 「무릎팍도사」로 옮겨갔다. 우리는 둘 다 「무릎팍도사」에 찬사를 아끼지 않았다.

CNN에서 오래 몸담은 손지애 국장은 외국 토크쇼의 성공을 이렇게 분석했다. 카메라 앞에서 단 하나의 질문이 나오기까지 제작진은 상당히 많은 자료 조사를 하고 사전 미팅을 한다. 수십 가지 질문 중에서 선택된 한 가지 질문이 카메라 앞에서 생명을 발한다. 모든 과정이 이렇게 정교한 노력을 거쳐서 이루어지다 보니 완성도가 높을 수밖에 없다는 것이다.

사실 토크쇼라고 해서 진행자가 게스트를 불러놓고 아무 질문이나 던져본다는 식으로 만들어서는 안 된다. 진행자 역량이 가장 중요하지만 질문과 답변을 떠받치는 시스템이 있어야 한다.

「무릎팍도사」는 성공했다. 시청자를 끌어들이는 흡인력이 있다. 개그맨들이 진행하는데도 인간의 치열한 삶에 대한 감동이 생생하게 살아난다. 산악인 엄홍길 씨, 시집이 500만 부나 팔린 원태연 시인, 작가 황석영, 발레리나 강수진 등이 나왔을 때 그들의 치열한 삶을 유쾌하게 풀어내 시청자들에게 즐거운 감동을 주었다. 「무릎팍도사」는 안정적이다. 기대를 갖고 그 프로그램을 틀었을 때 적어도 시간 가는 줄 모르게 시청자를 끌어들이는 흡인력이 있다.

이 시대의 코드는 재치다. 잘생기고 지루한 사람보다는 좀 덜 생겨도 재치 있는 사람을 대중은 더 좋아한다. 그런 이유로 인형 같은 여자 아나운서들이 서 있던 자리를 박미선, 박경림, 김미경 등이 차지하는 것이다.

「무릎팍도사」를 자세히 보라. 게스트들의 대답은 매우 짧다. 게스트들이 길고 지루하게 주절거리도록 놔두지 않는다. 질문이나 대답이나 촌철살인하는 멘트만 편집해서 보여준다. 그런 멘트를 끌어내기 위해 강호동, 유세윤, 올밴은 몸을 던져 시스템을 형성한다. 올밴은 정말 별말 없이 자기 역할을 톡톡히 해낸다. 왜 새로운 「무릎팍도사」에 이들이 안 나오고 희미한 캐릭터들이 병풍보조 MC로 나오는지 불만이다. 「무릎팍도사」에서는 프로그램 중간 중간에 나오는 영상과 자막도 한몫한다.

「무릎팍도사」 강호동은 스타급 게스트들에게서 그동안 볼 수 없었던 솔직한 모습과 대답을 이끌어낸다. 그 과정에서 출연진에 대한 배려보다는 건방진 도사에서 비롯되는 건방진 지적이 한몫한다. 매회 게스트들과 나누는 대화는 산으로 가기도 한다. 돌발 상황과 질문에서 벌어지는 일들이 시청자들에게 웃음을 선사한다. 「무릎팍도사」의 질문에는 성역이 없다. 이혼의 아픔을 간직한 이승환, 고현정에게 환부를 건드려 심정을 털어놓게 했다. 언론에 좋지 않은 감정을 가진 신해철에게 언론 입장에서 서슴없이 이야기했다. 네티즌이 지적하는 주영훈의 비호감에 대해 대놓고 물었다.

왜 스타들이 「무릎팍도사」에서 꽉 막혔던 입을 열고 고해성사하듯이 털어놓는 걸까? 그 이유는 바로 「무릎팍도사」의 장점 덕분이다. 그동안 기존의 토크쇼들은 핵심을 찌르지 않고 겉핥기식 잡담만 늘어놓았다. 예의에 벗어날까봐 정작 중요한 질문은 하지도 못했다. 그런데 「무릎팍도사」는 아무리 민감한 사안이라도 대중이 궁금해한다면 뻥 돌리지 않고 노골적으로 있는 그대로 묻는다. 끝까지 붙들고 늘어져 묻는다. 어떤 사안이라도 대답하지 않을 수 없게 만든다. 그것이 바로 제대로 된 토크쇼의 힘이다. 래리 킹이 그렇게 하고 오프라 윈프리가 그렇게 한다.

강호동은 무릎이 닿기도 전에 모든 것을 꿰뚫어보는 무릎팍도사라고 자신을 소개한다. 하지만 헤매면서 게스트를 파헤쳐 간다. 유세윤, 우승민은 스스로 모자란 것을 인정하면서도 역으로 건방지고 도도한 모습을 연출한다. 시청자들에게 쾌감을 주는 캐릭터로 배치되어 있다.

「무릎팍도사」는 스타들이 단순히 음반이나 영화를 홍보하러 들르는 곳이 아니라 개인 이야기를 솔직하게 털어놓는 방송으로 스스로 차별화했다. 이런 「무릎팍도사」의 기본정신이 흔들리면서 출연자들이 스스로 한풀이 정도만 하는 기회가 될 때 「무릎팍도사」는 위기를 맞게 될 것이다.

'솔직함'과 '개인적 한풀이'는 다르다. 솔직하게 자신을 드러내는 것과 개인적인 한을 풀어놓는 것은 분명히 다르다. 자신을 둘러싼 소문을 해명할 창구가 필요한 스타들이 「무릎팍도사」를 찾아 하소연과 자기변론을 늘어놓는 횟수가 많아지면 무릎팍도사는 위험해진다.

「무릎팍도사」의 또 하나의 힘은 자막이다. 자막은 방송 과정에서 또 하나의 적극적인 진행자가 된다. 자막은 프로듀서나 작가 등 제작진의 목소리를 담으며 시청자들과 공감대를 만들어간다. 대화가 이상하게 흐르면 '산으로 가는 무릎팍도사' '무릎팍 도사 이번에는 안드로메다로'라는 자막을 내보낸다.

토크쇼는 화려한 인맥으로 스타 게스트를 초대했다고 해서 되는 것이 아니다. 게스트 누가 출연한다는 것이 화제가 되어서는 명품 토크쇼가 안 된다. 백지연의 토크쇼에 유명한 게스트들이 줄줄이 나오지만, 그 토크쇼는 기본적으로 재미가 없다. 게스트 특수에 기대기보다는 차별화된 진행과 참신한 구성으로 기본을 갖추어야 한다.

시청자를 매혹하기 위해서는 시스템을 갖추고 지루하지 않은 낚시질을 시청자 처지에서 끊임없이 해야 한다. 시청자 처지에서 낚시를 던져야 하는데 잘난 진행자가 뻣뻣하게 지루한 질문이나 계속하면 그 토크쇼는 재미없어진다. 재미없는 것이 품위를 살려주는 거라고 생각하면 착각이다. 바바라 월터스의 토크쇼는 기본적으로 재미있다.

「무릎팍도사」가 맨 처음 시작되었을 때는 파격적 형식이라 자리 잡기 힘들지 않을까 하는 우려도 있었다. 하지만 이제는 솔직한 토크쇼의 대명사가 되었다. 워낙 솔직하게 묻고 답하는 분위기를 만들어놓아서 일단 출연을 결심하는 스타들은 다 털어놓겠다는 마음으로 나오게 된다. 스타들에게는 자신을 둘러싼 루머에 대해 해명할 기회를 주고 시청자들은 궁금했던 사실을 속 시원히 들을 기회를 얻는다. 일견 예의 없어 보이는 강호동, 유세윤, 올밴이 불경스러운(?) 태도로 자리 잡고 앉아 스타들을 쥐락펴락할 때 시청자들은 대리만족을 느낀다.

하지만 「무릎팍도사」도 게스트에 따라 흔들린다. 강호동이 1년간 방송 중단 끝에 복귀하자 시청자들의 기대가 컸던 탓일까, 강호동이 감을 잃은 탓일까. 「무릎팍도사」는 과거만 못 했다.

「무릎팍도사」의 핵심은 게스트로 하여금 얼마나 진솔한 이야기를 꺼내게 하느냐에 달려 있다. 잘 알려진 인물이라도 프로그램에 나와서 의외의 재미와 매력을 시청자들에게 선사하는 것이 「무릎팍도사」의 강점이었다. 서경덕, 한비야, 엄홍길 등 연예인들에 비해 상대적으로 인지도가 떨어지는 게스트들을 출연시켜 그들을 화제의 인물로 만들기도 했다.

하지만 돌아온 「무릎팍도사」는 게스트 정우성 편을 시작으로 시청자들 기대치에 미치지 못하며 점점 하락세를 탔다. 프로그램의 중심이 되어 게스트들의 진솔한 이야기를 끌어내야 할 강호동이 잘 보이지 않았다. 국내 토크쇼에서는 쉽게 볼 수 없었던 글로벌 스타들을 게스트로 섭외했다. 하지만 그리 성공적이지는 않았다. 일단 국내 시청자들이 잘 알지 못하는 게스트에 대해서는 관심이 떨어진다. 이야깃거리를 가진 외국 게스트들을 불러놓고 시청자들이 원하는 이야기를 들려주지 못한다는 점에서 워쇼스키 남매와 초난강 편 모두 실패했다. 뭔가 핀트가 어긋난 듯했다. 때 아닌 외국 게스트라니……

국내 게스트들이 출연했을 때도 마찬가지다. 게스트들의 이야기에서 공감, 감동, 연민을 고루 느끼게 해주어야 한다. 그러나 새로 시작한 「무릎팍도사」의 진행 방식은 시청자들의 공감을 끌어내지 못했다. 강호동의 민망한 웃음소리에 게스트가 시청자들에게 보여주어야 할 이야기가 사라지고 마는 현상을 만들어냈다. 7년간 매번 똑같은 콘셉트와 포맷으로 진행되다 보니 시청자들이 흥미를 잃었을 수도 있다. 다시 돌아왔으면 변화한 무릎팍도사를 보여주었어야 하는데 그렇지 못했다.

이는 곧 시청률 하락으로 이어졌다. 「무릎팍도사」는 한 자릿수 시청률을 벗어나지 못했고, 게스트들의 화제성도 예전에 비해 다소 떨어졌다. 「무릎팍도사」의 부진은 강호동의 부진으로 이어지기 쉽다. '시베리아 수컷 야생 호랑이' 같은 강호동이라야 시청자들의 사랑을 받는다.

이런 위기는 강호동 옆을 지키는 유세윤이나 올밴을 하차시킨다고 해결되는 게 아니다. 특히 '우린 그냥 비정규직'이라던 올밴 우승민의 쓸쓸한 퇴장은 오히려 무릎팍 제작진에게 비난을 안겨주었다. 「무릎팍도사」는 시청자들이 원하는 변화를 가져다주지 못했다.

정말 재치 없었던 토크쇼 「박중훈쇼」

이제는 폐지된 프로그램을 언급해서 미안하지만 가장 재치 없었던 토크쇼가 「박중훈쇼」였다. 「고쇼」도 그랬다. 박중훈, 고현정은 게스트로 나왔을 때 흥미를 끄는 사람이다. 박중훈은 가끔 어눌한 듯하면서 사람 좋은 유머를 툭툭 던질 때 매력적인 인물이다. 하지만 전체 토크쇼를 끌어갈 만한 내공은 없었다. 힘에 부쳐 보였다. 기존 예능 프로그램에 출연했을 때 보여준 박중훈만의 편안한 입담은 「박중훈쇼」에서는 좀처럼 찾아볼 수 없었다. 시사 프로그램도 아닌데 그의 진행은 너무 힘이 들어가 있었다.

시스템도 안 받쳐주었다. 박중훈만의 개인 역량에 의존했다. 혼자서 이런저런 질문을 던졌다. 그리고 게스트가 지루한 답변을 구태의연하게 하는 동안 가만히 놔두었다. 치고 들어가서 끊어야 맥이 빠지지 않는데, 게스트를 너무 존중해서 가만히 놔두는 바람에 전체 쇼의 맥을 빠지게 했다. 「박중훈쇼」를 2회 지켜본 뒤 알아차렸다. 이 프로그램은 석 달을 못 가서 퇴출될 거라고. 내 예측대로 이 프로그램은 곧 폐지되었다.

「박중훈쇼」에 나온 대스타들은 지루한 모습을 보였다. 예쁘지만 지루한 김태희, 조각처럼 잘생겼지만 지루한 장동건을 참고 봐주기는 힘들었다. 그래서 네티즌이 앞 다투어 "김태희, 장동건이 「무릎팍도사」에 나왔더라면 정말 재미있었을 텐데……." 하는 아쉬움을 표했다. 스타가 나왔다고 해서 시청자들이 눈길을 주는 것이 아니다. 광고에서 늘 보던 스타가 나와 이미 다 알고 있는 내용을 이야기하니 토크쇼의 긴장감이 떨어졌다.

「박중훈쇼」는 프로그램 정체성과 MC의 진행 능력에 대한 논란이 첫 회부터 일었다. 첫 방송에서 톱스타 장동건을 초대손님으로 내세웠지만, 박중훈의 경직된 진행과 산만한 구성은 시청자들의 비판을 받았다. 최진실의 죽음에 대해서 최진영이 나와서 눈물을 떨어뜨리다가 갑자기 3당 여성 정치인이 나와서 호호깔깔 웃으며 노래방 분위기를 연출했다. 그야말로 '이건 뭥미?' 하는 전문용어가 나왔다. 프로그램의 모호한 정체성에 대해 볼수록 의문이 드는 프로그램이었다.

제작진의 기획의도는 이랬다. 기존 토크쇼와 차별화하기 위해 연예인의 신변잡기를 다룬 토크쇼가 아닌, 사회와 이슈 그리고 사람에 대해 이야기하는 신개념 토크쇼를 표방한다는 것이었다. '재미'와 '의미를 함께 찾겠다는 것이었다. 그래서 프로그램 분류도 예능이 아닌 시사교양으로 돼 있었다. 하지만 예능도 아니고 시사도 아닌 것이 산(?)으로 갔다.

「박중훈쇼」가 폐지되자 제작진은 여러 명의 MC 체제에 익숙한 시청자의 눈길을 끄는 데 한계가 있었다고 밝혔다. 하지만 이는 실패 원인을 잘못 진단한 것이다. MC가 여러 명 나오느냐 1인 MC이냐가 중요한 게 아니다. 넘쳐나는 정보의 홍수시대에 구태의연한 토크쇼를 했기 때문에 실패한 것이다. 시청자들이 다 알고 있는 질문에 뻔한 대답이 이어졌다.

다른 쇼들은 무례해서 잘되고 「박중훈쇼」는 예의바르게 하느라 눈길을 끌지 못했다는 식의 아전인수격 진단도 틀렸다. 예의를 지킨다는 것과 출연자의 본질과 정곡을 찌르지 못하는 것은 다르다. 박중훈은 토크쇼에서 정곡을 찌르는 질문을 거의 던지지 못했다. 예의바르게 하느라 형식적이고 다 아는 질문만 던졌다. 그러니 돌아오는 답변은 다 뻔하고 지루한 것들이었다.

MC가 시종일관 웃기만 하고 재치 없었던 「고쇼」

「고쇼」는 고현정을 내세운 토크쇼였다. 톱스타를 내세운 쇼답게 홍보를 엄청나게 했지만, 결과는 실패작이었다. 고현정이 토크쇼를 진행한다는 화제에 비해 시청률 부진을 면치 못했다. 「고쇼」는 기존 토크쇼 형식과 다른 오디션 형식을 취했다. 게스트가 나와 MC들에게 캐스팅받기 위해 모든 것을 보여준다는 설정이었다.

그렇게 하면 게스트의 진솔한 면을 이끌어낼 것으로 기대했다. 오디션 열풍을 토크쇼와 합친다는 점에서 새로운 아이디어이기는 했다. 당시 대세라 여겨지던 윤종신, 정형돈, 김영철을 패널로 앉혔다. 첫 게스트 역시 조인성, 천정명이라는 카드로 이목을 집중시키는 데 성공했다.

그런데 「고쇼」에서는 게스트가 MC보다 부각되어버렸다. 좋게 말하면 MC보다 게스트가 부각되는 친근한 진행을 했다고도 할 수 있다. 하지만 토크쇼의 중심은 MC라야 프로그램의 중심이 선다. MC가 중심을 잃어버리면서 산만해졌다는 평이 나왔다. 고현정만의 카리스마와 진솔한 모습을 원한 시청자들에게 고현정은 그저 산만한 웃음 제공자로 남게 되었다.

그런데 원래 계획했던 '스타들의 캐스팅 전쟁'이라는 기획의도와 달리 드라마나 영화 홍보의 장으로 전락해버렸다. '게스트발 끝'이라는 혹평도 나왔다. 1년도 안 돼 문을 닫게 된 「고쇼」는 결국 시청률 저조라는 굴레에서 벗어날 수 없었다.

극 중 콩트 설정인 '제작사GO'는 오프닝인지, 「고쇼」 자체의 정체성인지 혼란스러웠다. 출연자들 스스로도 어색해하는 콩트 톤에 캐릭터를 어떻게 잡아야 할지 우왕좌왕했다. 게스트도 MC도 헷갈렸다. 왜 이들이 나쁜 남자 오디션을 거쳐야 하는지, 토크쇼라는데 콩트로 게스트의 속내를 얼마나 끄집어내야 하는지 혼란스러웠다.

MC 고현정은 시종일관 웃기만 했다. 오죽하면 어느 기사의 제목이 「고쇼」 고현정 씨, 웃지만 말고 좀 더 말을 하세요."로 나왔을까? 고현정이 재치 있는 말로 MC의 위상을 세우는 대신 웃기만 한 터라, 고현정의 「고쇼」가 아니라 윤종신의 '윤쇼'라는 말까지 나왔다.

토크쇼 메인 MC는 게스트의 이야기를 이끌어내면서 전체적으로 프로그램을 이끄는 선장 역할을 해야 한다. 고정 패널의 역할과 차별화돼야 한다. 고현정이 메인 MC이기에 고현정에 의한 쇼일 필요는 없지만 적어도 MC 역할은 제대로 해야 했다. 하지만 메인 MC 고현정의 역할과 능력에 의문을 가지는 시청자들이 적지 않았다. 방송에서 문을 여는 코너 '게스트 자기자랑'의 시작과 끝은 대부분 윤종신이 진행했다. 윤종신은 다섯 명의 이야기를 이끌어내거나 끊어내면서 방송 전체를 조율했다. 여기에 정형돈의 깨알 같은 웃음이 더해지곤 했다. 패널 속에서 고현정은 잘 보이지 않았다. 그 대신 패널과 게스트의 말에 맞장구치거나 웃음을 터뜨리는 고현정이 더 많이 비춰졌다. 메인 MC라기엔 고현정은 말을 너무 적게 했다. 재치도 없었다.

토크쇼는 드라마도 영화도 아니다. MC가 방송 내내 미진한 존재감과 아쉬운 모습만 드러내자 시청자들의 가혹한 혹평이 이어졌다. 시청자들은 게시판에다 그에게 질문을 던졌다. "고현정 씨, 진행 안하고 웃기만 하네요. 뭐 하세요?" 오죽했으면 「고쇼」 방영 후에 항상 따라다니는 말이 '고현정 정수리'였을까. 그만큼 고현정은 말발 있는 다른 패널들에 밀려서 방송 내내 머리를 숙이고 웃느라 시청자에게 정수리만 보여주었다. 메인 MC의 활약이 정수리 보여주기라니……. 「고쇼」에 톱스타 고현정은 없었다.

시청자들은 「고쇼」 게시판에 "시시껄렁하다. 토크쇼가 가진 예리함이 없다. 떠들썩한 분위기에 의미 없는 이야기만 한다. 이럴 거면 고현정은 왜 섭외했나. 실망스럽다." "우리는 고현정의 망가진 모습을 보고 싶은 게 아니다. 제작진이 착각하지 않았으면 한다." "토크쇼의 차별성을 두려고 하는 건 알겠지만 조금 불편하다. 멘트나 재치로 충분히 재미를 줄 수 있는 부분인데 굳이 개인기를 따라 하고 춤을 춰야 하나. 이런 분위기는 오히려 불편함을 가져다주는 것 같다." 등의 평을 남겼다. 어떤 시청자들은 "「고쇼」는 고현정쇼가 아니라 '윤종신&정형돈쇼'다." "MC로서의 자리매김이 불확실해 보인다."라며 고현정의 존재감에 비판적이기도 했다.

또 「고쇼」는 6회 만에 홍보성 토크쇼로 전락하고 말았다. 게스트들의 출연작품에 초점을 맞춘 토크를 진행하면서 식상해졌다. 고현정이 출연한 영화 「미스GO」 개봉에 맞춰 출연 배우들이 나오면서 또다시 홍보성 토크쇼를 만들었다. 결국 이런 행태가 계속되면서 한 자릿수 시청률로 추락했다. 「고쇼」의 이러한 식상함은 앞서 폐지된 「박중훈쇼」 「주병진쇼」의 전철을 그대로 밟았다. 나름대로 신선한 시도였던 오디션 콘셉트 자체도 참신함을 잃어갔다. 소문난 잔치에 먹을 것 없다는 소리가 나올 수밖에 없었다.

톱스타 고현정을 데려다놓고도 빛 좋은 개살구 행보를 계속한 이유는 바로 「고쇼」 자체에 있다. 「고쇼」가 시청자들의 차가운 반응을 얻을 수밖에 없었던 가장 큰 이유는 예능이자 토크쇼에서 갖춰야 할 재미가 없다는 것이었다. MC는 기본적으로 재치가 있어야 한다. 대박 게스트를 초대하면서도 산만한 진행 등으로 끊임없이 혹평을 면치 못했다. 「고쇼」가 과연 누구를 위한 토크쇼인가 하는 의문이 나왔다.

「고쇼」를 보면서 끊임없이 가졌던 의문은 게스트가 왜 캐스팅되어야 하느냐는 것이었다. 공개 오디션 토크라는 형식은 분명 신선한 포맷이다. 스타를 대상으로 스타가 오디션을 진행한다는 발상은 새롭다. 하지만 오디션을 왜 하는지 알 수 없었다. 또 게스트로서도 이 프로그램에 나와서 꼭 캐스팅되어야 할 이유가 전혀 없다는 것이 문제였다.

가상의 캐스팅이 어떤 의미를 갖지 못할 때 이런 포맷은 그야말로 단순한 '설정'으로 전락한다. '그렇다 치고' 뭐 이런 식이 되어버리는 것이다. 시청자들이 공감하지 못하는 건 당연한 일이 된다. 「놀러와」에서처럼 편하게 수다를 떨 수 있는 것도 아니고 「강심장」으로 뽑히기 위해 독한 이야기를 폭로할 까닭도 없는 프로그램이다. 그러니 게스트들이 왜 「고쇼」에서 '캐스팅'되어야 하는지 부자연스러운 설정이 되어버렸다.

누군가의 이름을 내건 토크쇼라면 이름을 내걸지 않은 토크쇼보다 훨씬 개성이 잘 드러나야 된다. 진행자의 실명을 내걸지 않고도 개성을 한껏 살린 토크쇼도 많다. 「강심장」은 게스트가 여러 명 출연해서 주제를 놓고 이야기를 한다. 그중에서 가장 가슴을 울린 이른바 '강심장'을 선발하는 형식이다. 토크 배틀을 벌여 우승자를 뽑는 구조는 이전 토크쇼에서도 있었지만 「강심장」은 차별화를 했다.

「승승장구」는 매주 게스트와 시청자에게 "승승장구하시길 바랍니다.”라고 외치면서 정체성을 확립해갔다. 토크의 내용이 시청자에게 공감을 얻으면서 자연스럽게 '승승장구'라는 외침은 그냥 외치는 멘트가 아니라 의미 있는 응원 메시지로 바뀌게 되었다.

「고쇼」는 사실 이름부터 모호하다. 고현정이 쇼를 한다는 것인지 '가자'는 의미인지 모호하다. 오디션 형식이라는 걸 방송이 나가고 나서야 알 수 있었다. 오디션이면 오디션에 철저해야 하는데, 오디션과는 상관없는 토크에만 의존해 재미를 추구한다면 우스운 일이다. 오디션 형식이다 보니 콩트가 많이 나왔다. 콩트가 재미있는 부분도 있지만 너무 많이 나오다 보니 식상했다.

고현정이 출연자들에게 연기에 대한 조언을 할 때는 진지했다. 인생에 대한 조언을 할 때도 그랬다. 그런데 「고쇼」는 연기 지도를 위한 프로그램이 아니다. 고현정에게 인생에 대해 한 수 지도를 받기 위해 나온 것도 아니다. 그러다 보니 진지함 자체가 시청자들을 지치게 만들었다.

「개그콘서트」 '용감한 녀석들'에서 신보라가 이렇게 외쳤다.

"유재석은 들어주고 재밌게 이야기해주고 들어주고 재밌게 이야기해주고, 「승승장구」 김승우는 들어주고 들어주고 들어주고, 「고쇼」 고현정은 들어주고 정색하고 정색하고 정수리 보이면서 웃고. 혹시 이거 보고도 정색했나? 무서워."

신보라의 재치가 놀랍다. 토크쇼 MC들의 특성을 정확히 짚어냈다.

「달빛 프린스」 재미없다

천하의 강호동도 잘못된 기획 앞에서는 고전을 면치 못한다는 걸 보여준 프로그램이 「달빛 프린스」다. 강호동의 복귀작으로 화려하게 막을 올린 KBS 「달빛 프린스」는 최악의 시청률을 보여주었다. 시청률 3퍼센트, 5퍼센트가 고작이다.

「달빛 프린스」는 예능 프로그램에 책을 접목한 북토크쇼다. 매주 게스트가 책을 한 권 선정하고 그 책과 관련한 이야기를 나누는 형식이다. 그런데 결론적으로 말하면 예능이라기에는 너무 교양적인 요소가 강해서 강호동이 휘어잡지를 못한다. 그렇다고 연예인들이 잔뜩 출연해서 진정한 교양 프로그램이 될 수도 없다. 강호동이 MC로 자리 잡았다고 해서 시청률이 보장되지는 않는다. 강호동의 재치가 빛을 발할 수 있는 세팅이 되어야 하는데 「달빛 프린스」는 세팅 자체가 그렇지 못했다. 어색하기만 한 북토크쇼였다.

잠정 은퇴라는 말로 연예계를 떠나 있다 돌아온 강호동에게 타격이 될 수 있는 프로그램이다. 강호동의 파워가 시들해졌다기보다는 잘못된 포맷 속에 강호동을 앉혀놓은 것이 실수다. 복귀한 강호동이 「달빛 프린스」에서는 여전히 건재한다. 「무릎팍도사」로 포효하는 시베리아 야생 호랑이인 강호동을 「달빛 프린스」에서는 우리 안에 가둬둔 느낌이 든다. 시청자들은 우리에 갇힌 호랑이가 아니라 자유롭게 달리는 호랑이를 보고 싶어한다.

한 포털사이트엔 「달빛 프린스」의 연관검색어로 '「달빛 프린스」 재미없다'가 등록되어 있다. 네티즌들이 '「달빛 프린스」 재미없다'란 말을 검색창에 그만큼 많이 입력했다는 뜻이다. 「달빛 프린스」로서는 정말 굴욕적일 수밖에 없다.

「달빛 프린스」는 북토크쇼인 만큼 매주 새로운 책을 주제로 이야기를 풀어간다. 책을 소재로 하기에 시청자들에게 재미와 정보를 모두 줘야 한다는 부담을 안고 시작한다. 처음 책을 가지고 한다고 들었을 때부터 '어? 이건 아닌데' 싶었다. 그림이 안 나오는 포맷이었다. 책을 가지고 재미있는 프로그램을 만들기는 매우 어렵다. 그래서 연예인을 투입하면 될 거라고 생각했을 것이다. 그런데 이게 잘 안 되었다. 정보와 재미라는 두 마리 토끼를 잡으려 했지만 사실은 둘 다 놓쳤다. 재미와 정보를 컨트롤하지 못해서 오히려 갈팡질팡하는 인상을 주었다.

「달빛 프린스」 출연진은 선정된 책 내용을 바탕으로 퀴즈를 풀어나갔다. 하지만 그 책을 읽지 않은 시청자들로선 그 퀴즈가 재미있을 수 없었다. 그렇다면 시청자가 재미를 찾을 수 있는 부분은 출연진의 입담뿐이었다. 퀴즈는 재미없고 중간 중간 입담만 기다려야 하니 지루할 수밖에 없었다. 퀴즈 부분을 재미있게 즐기려면 다음 주에 방송될 책을 미리 읽어둬야 했다. 예능 프로그램을 재미있게 보려고 숙제처럼 책 한 권을 읽을 시청자가 있을까? 그래서 이 프로그램에서는 책과 연예인이 따로 놀았다.

책을 소재로 한 프로그램이기 때문에 책과 관련된 내용을 전혀 배제할 순 없다. 「달빛 프린스」는 책에 대해 의미 있는 정보를 주지도 못했다. 그러기에는 출연진이 너무 얄팍했고 책에 대해 심도 있는 대화를 나누기에는 벅차 보였다. 10년 전에 MBC에서 「책책책 책을 읽읍시다」라는 프로그램을 방송했다. 그때는 독서 열풍이 일어났다. 정공법과 돌직구가 먹힌 것이다. 하지만 「달빛 프린스」는 예능 프로그램으로 시청자를 웃겨야 한다는 부담감 때문에 오히려 책이 안 살아났다. 출연진의 소소한 에피소드가 가끔 웃음을 자아낼 뿐 책과는 따로 놀았다. 그래서 책에 대한 관심으로 이어지지 않았다.

또 이 프로그램을 보면 도대체 누가 MC인지 알 수 없었다. 프로그램 포맷의 빈약함을 이서진·김수로 등 예능감 있는 게스트로 채워나가려고 한 듯했다. 하지만 아쉽게도 예능감 있는 김수로가 역설적으로 MC들의 무능력함을 보여주고 말았다. 강호동은 진행에 필요한 최소한의 멘트를 제외하고는 생뚱맞게 '공격하라' 외에는 존재감을 별로 드러내지 못했다. 전체적으로 토크의 맥이 김수로를 중심으로 흘러간 까닭이다.

출연진의 자리조차도 김수로를 중심에 놓고 좌우에 MC들을 배치했다. 강호동의 매력은 단순히 소리 지르는 데 있지 않다. 어떤 프로그램이건 그만의 에너지로 장악해 끌어갈 때 그의 매력이 제대로 발산된다. 하지만 이 프로그램에서 강호동은 무엇을 해야 할지 스스로 자신감이 없어 보였다. 스스로 무식하다는 콤플렉스를 갖고 있는 건 아닌지 조심스럽게 의문이 들 정도였다. 무식을 아예 설정된 무기로 삼고 나가려 해도 탁재훈이 선점해버렸다. 그래서 강호동이 어떤 입지에 서야 할지 애매해졌다.

강호동은 지식과 관련된 문제에서는 한없이 작아졌다. 탁재훈은 책이고 뭐고 그만두고 딴죽이나 걸겠다는 캐릭터였다. 아예 탁재훈을 책을 읽지 않는 콘셉트로 내세웠다. 그러다 보니 두 사람은 부조화 캐릭터가 되어버렸다.

MC가 책을 읽지 않았다고 해서 책 내용에 대해 섣부른 판단을 내리는 건 위험하다. "난 책 안 읽었어." 하며 책 내용과 관련된 이야기에 딴죽을 거는 것도 한두 번이다. 책 전체를 보여주기보다 그저 글 몇 줄에 초점을 맞춰서 단편적인 정보를 주어서는 정보도, 재미도 다 놓친다. 그렇기 때문에 신변잡기식 토크에 치중하기보다는 책 내용을 소개하는 포맷에 대해 더 고민해야 한다.

SNS에서는 촌철살인이 주목받는다

'대박 댓글'의 기본, 촌철살인

인터넷에서 '똑'이 되었다고 기뻐하는 글을 많이 볼 수 있다. 조회수가 많아지고 추천수가 많아지면 글을 쓴 사람으로서는 참 기쁜 일이다. 인터넷 시대에는 누구나 논객이 될 수 있다. 그리고 실제로 수많은 논객이 논리와 촌철살인의 표현력으로 무장하고 글을 쓴다. 인터넷에서 주목받는 글에는 반드시 촌철살인하는 부분이 있다. 복잡한 상황을 짧은 문장으로 정리해서 핵심을 전달한다.

그리고 거기에 반드시 촌철살인의 재치가 들어가 있다. 자기 의견을 잘 요약하더라도 촌철살인하지 않는 글은 간이 안 된 심심한 글일 뿐이다. 무미건조하고 심심한 글은 그냥 지나치게 된다. 맞는 말이라 하더라도 끄는 맛이 없으면 그저 지나치게 된다. 촌철살인의 재치를 담은 글을 사례로 보면 왜 이런 글이 인기가 있는지 알 수 있다.

먼저 드라마 「야왕」에 대한 댓글이다. 2013년에 드라마 「야왕」은 황당무계한 전개로 시청자들의 질타를 받았다. 사람을 너무 쉽게 죽이고, 너무 쉽게 재벌가 며느리가 되고, 너무 쉽게 대통령 영부인이 되고, 법무부장관도 마카롱 선물 하나에 넘어가서 악녀인 주인공의 범행을 막아주었다.

국정원 특수요원을 방불케 하는 주인공 주다해의 활약도 어이없었다. 달리는 차에서 뛰어내려도 다치지 않았고, 재벌 회장의 비밀 금고를 몇 번의 시도로 손쉽게 열었으며 자동차에 폭탄을 설치했다. 이 드라마의 황당함을 지적하는 댓글 중에서 최고봉은 이것이 아니었을까 싶다.

"주다해가 영부인이 되어서 하류를 죽이고, 국정원에서 사건 묻어버리고 나서 얼마 있다가 북한하고 전쟁이 나서 주다해는 미국으로 도망가고, 미국에서 CIA요원을 만나 결혼하고서 오바마 대통령의 비밀을 입수하게 되고, 그다음에 영부인을 죽인 후 주다해가 오바마 대통령 영부인이 되고, 주다해는 그것으로 모자라서 세계대전을 일으키고, FBI의 도움을 받아서 외계생명체와 손을 잡고 우주로 나가서 우주전쟁을 일으킨다."

이 댓글은 많은 네티즌의 추천을 받았다. 한마디로 대박 댓글이었다. 인터넷에서 기사의 댓글에 달린 추천수와 조회수를 유심히 살펴보자. 타의 추종을 불허하는 추천수와 조회수가 달린 글에는 촌철살인의 재치코드가 있다. '밥 먹으면 배부르다.' '밥 많이 먹으면 정말 배부르다'는 식의 뻔한 말이 아니라 촌철살인의 재치가 있다. 그런 재치코드로 많은 사람의 공감대를 형성한 댓글과 의견을 유심히 보다 보면 재치 감각을 키울 수 있다. 일일이 댓글 작성자를 알리지 못한 점은 양해를 부탁드린다.

• 대통령선거일에 투표시간을 늘리자는 이슈에 대해서

Jedong Kim (@keumkangkyung)

"'대한민국의 주권은 국민에게서 나온다.' 헌법의 핵심 가치입니다. 우리는 대통령에게 5년, 국회의원에게 4년을 줍니다. 국민에게 편한 시간에 투표할 수 있는 시간을 하루만 주세요. 무리한 부탁입니까?"

• "투표시간 연장하면 산간도서지역 주민들의 밤길이 위험하다"라는 새누리당 국회의원의 발언에 대한 댓글

"그렇게 '밤길' 걱정해주는 사람들이 왜 밤늦게까지 공부해야 하는 아이들의 '밤길'은 이제껏 놔뒀는지 모르겠군요."

"에잇(8시), 투표 좀 합시다!"

• 정치권에서 이슈가 되는 인사들에 대한 묘사

"안철수는 정치권에 충격/박원순은 아름다운 파격/홍준표는 강

행처리 돌격/손학규는 못 막으면 실격/박근혜는 발끈하는 성격/
문재인은 소리 없는 품격/전여옥과 강용석은 동격/가카가 떨어
뜨린 국격!/여기다 하나 더 보태면…… 이어지는 국민의 반격!"
안철수, 노블레스 오블리제
가카는, 국고털어 돈불리제
박그네, 침묵하나 생각없제
홍준표, 막말해쓰 매벌었제
강용석, 희롱해쓰 실형이제
나경원, 출마해쓰 아작났제
오세훈, 돈막썼쓰 존재없제

• 동성애자의 인권에 대해서

"동성애자 인권 지지하면 동성애자냐고 묻지 마세요. 짠 음식 좋
아하면 소금입니까?"

• SNS의 정의에 대해서

"SNS를 신세타령, 노가리, 시벌시벌, 세 가지 영문 이니셜이라고
생각하시는 분들도 계시는군요. 저는 습작공간, 나눔공간, 소통
공간, 세 가지 이니셜이라고 생각합니다."

• 생활고에 시달리는 서민의 애환

"어떤 이가 머리가 하얀 연세 많으신 청소노동자에게 '염색 좀 하

이소.' 하니 청소노동자 왈 '입에 풀칠도 못하는데 머리에 칠할 돈이 어디 있노.' 하신다."

• 노크 귀순 사건 이후
"귀순자용 전화 멘트 유머: 귀순자는 1번, 간첩은 2번을 누르세요! 잘못 누르셨습니다. 전 단계로 가시려면 철책을 다시 넘어가십시오."

• 위험을 경고한 것만큼 강도가 세지 않았던 태풍 볼라벤에 대해서
"볼라벤 심경고백 '기다려준 팬들에게 죄송……'
많은 국내 팬의 기대를 한 몸에 받으며 입국한 볼라벤이 컨디션 난조로 기다려준 팬들에게 죄송하다는 말을 남겼다. 볼라벤은 국내 입국 전에 뜻하지 않게 오키나와에서 컨디션 조절에 실패하여 예상 밖의 활동 모습을 보이며 국내 팬들에게 실망스러운 모습을 보여주었다.
하지만 다음에 내한 시에는 꼭 멋진 모습을 보여줄 것을 다짐하며 다음 스케줄인 북한으로 바쁜 걸음을 옮겼다. 한편, 볼라벤의 극성팬들은 볼라벤의 내한을 기념하며 밤새 신문지를 유리창에 붙이는 플래시몹을 선보여 눈길을 샀다."

• 볼라벤에 이어 찾아온 태풍 덴빈에 대해서
"덴빈, 드디어 입 열어 '최선을 다하겠다.'"

많은 국내 팬의 기대를 한 몸에 받으며 입국한 볼라벤이 컨디션 난조로 기다려준 팬들에게 미안하다는 말을 남겼다. 이에 두 번째로 내한하는 덴빈은 볼라벤처럼 되지 않겠다며 의지를 불태웠다. 하지만 이미 볼라벤에 실망한 팬들이 덴빈에게 많은 관심과 호응을 쏟을지는 미지수다. 덴빈은 신문지를 붙이는 등의 플레시 몹까지는 바라지 않는다며 다만 학생들의 기대에 부응할 수 있으면 좋겠다고 밝혔다. 덴빈은 볼라벤보다 작은 규모로 한국을 찾을 것이며 볼라벤을 따라 북쪽으로 발을 옮길 것이라고 밝혔다. 또 덴빈은 앞서 볼라벤이 다녀갔을 때 팬들의 호응이 별로였다며 걱정을 드러내기도 했다."

• 올림픽 펜싱 경기에서 있었던 오심 디스(출처: 진중권 트위터)
"펜싱이 이렇게 아인슈타인스러울 줄이야. 시간이 고무줄처럼 늘어나기도 하고 0초에서 1초로 거꾸로 흐르기도 하고. 1초가 저렇게 길다면 인간은 영생할 겁니다."

• 안철수의 대통령 출마에 대해서
"안철수는 대한민국의 허술한 대선후보 검증시스템을 뚫고 들어온 바이러스다."
"철수에 대해서 아는 사람은 영희밖에 없다."

• 2012년 서울시장 선거를 앞두고 SNS에서 때 아닌 '10번 끝말잇기' 놀이(1번은 나경원 후보, 10번은 박원순 후보였다)

"10번 박주영, 1번 젖히고 골."

"선관위는 박주영을 긴급체포하라. 오늘 같은 날 10번 달고 1번 골키퍼를 젖히다니 너무 노골적 선거운동 아닌가?"

"바로셀로나의 메시 등번호는 10번입니다."

"메시가 10번이었나요? 메시! 오늘 경기 10골만 넣어주세요."

"저도 몰랐는데 10번이라네요. 펠레와 같이 10번."

"국대 10번 박주영의 골로 오늘 10번 놀이 프레임 제대로 잡혔습니다."

"투표한 10명과 저녁에 맥주 10잔 하려고요."

"이왕이면 주변 10명과 함께하심이."

"이왕이면 10시가 어떨까요?"

• 10·26 서울시장 재보선 선거과정에서 선거관리위원회가 유명인의 투표 독려 금지령을 내리자 무한도전의 김태호 피디가 남긴 트윗

"유명인 투표 독려 금지…… '유명인'…… 참 애매한 기준인데 개콘 '애정남' 최효종 씨가 급 깔끔하게 정리해줬으면 좋겠네요."

• '집단 성폭행 중학생들, 등교정지 10일 처분이 끝?' 기사에 대해서

"등교정지 10일이면 그게 상이지 처벌이냐."

• '중학생이 사채놀이?…… 경찰 수사착수' 기사에 대해서

"중딩캐피탈이네."

• 10·26 서울시장 재보궐선거에서 나경원 후보가 패배한 후

"1년 1억짜리 피부관리받는 여자라…… 주관적으로 예쁘긴 하다. 다만 서울 시민들, 서민들의 팍팍한 삶을 전혀 이해 못할 것 같아서…… 시장감이 아닌 듯…… 1년 내내 500원짜리 세숫비누로 얼굴 피부관리하는 서민들의 삶을 어찌 이해하랴?"

• 박원순, 나경원 후보의 SNS 소통량 차이 비교

"박 후보의 경우 다양한 소통을 하였지만 나 후보의 관계는 매우 적다."

• 나경원 후보의 '셀프 댓글'에 관해서

"나경원 후보님 힘내세요. ─나경원 후보 올림"

• 나경원의 연회비 1억 원의 초호화 피부과 논란에 대한 대학생의 트위터 댓글

"대학등록금 1,000만 원에 벌벌 떠는 우리가 얼마나 우습게 보였을까 눈물난다."

• 박원순, 나경원 서울시장 선거 유세 기간에 트위터에 올라온 글

"박원순은 시민에게 묻고 나경원은 거울에게 묻는다. '거울아, 거울아!'"

"기부하지 마세요. 피부에 양보하세요."

"박원순은 아름다운 재단을 만들었고 나경원은 아름다운 피부를 만들었다."

• 선거관리위원회에서 유명인이 트위터 등 SNS에 선거 관련 사진을 올리는 것이 선거유도가 될 수 있다며 법에 어긋난다고 하자 김제동이 올린 트위터 글

"저 투표 인증샷 내일 올려도 되나요? 제가 요즘 별로 안 유명하잖아요. 흠흠. 만약 불법이라면 마스크하고 안경 벗고 올릴게요. 그러면 못 알아보겠죠. 흠흠."

• 나경원 후보가 10·26 서울시장 선거 날 투표하면서 '우리는 이미 승리했다'는 말을 하자 나경원을 지지하지 않는 시민이 남긴 댓글

"그래, 옛말에 지는 게 이기는 거랬어."

• 한나라당의 서울시장 당선이 어렵게 되자 홍준표 대표는 "사실상 졌다고도 이겼다고도 말할 수 없어."라고 말했다. 홍 대표가 서울시장 패배와 그 밖에 다른 지자체장의 승리를 견주어 이른바 '무승부론'을 주장하는 데 대해 일각에서는 그가 책임론에서 비껴나가기 위한 것이

라는 분석을 내놓고 있다. 온라인에서 많은 네티즌은 홍 대표가 패배를 패배로 받아들이지 않고 합리화하려는 모습에 대해 '안일하다'고 지적하며 비판을 쏟아내고 있다.

"밥을 먹다 말아 먹었다고도 안 먹었다고도 말할 수 없어."

"이겼다고도 졌다고도 할 수 없으면 '사실상' 진 것."

"변비에 걸려 똥을 쌌다고도 안 쌌다고도 말할 수 없어."

"오늘 미팅에서는 남자친구와 헤어졌다고도 안 헤어졌다고도 말할 수 없어."

• 박근혜, 페이스북에 '수첩공주' 개설······ 호감도 2배 젊은 층과의 소통 나서

"좀 오글거리긴 하는데 '수첩공주'가 안티들이 만든 별명인 줄 알면서도 소통을 위해 그냥 갖다 쓴 건 정말 대범해보인다."

• 잇단 군인들의 자살, 군 장병들의 죽음과 관련하여

"군인은 나라를 지키는데 나라는 왜 군인을 지키지 못하는가?"

• '사랑해' 남성이 여성보다 3배 더 말한다

펜실베이니아 주립대학교 심리학과 연구팀이 대학생 172명을 대상으로 인터뷰를 진행한 결과 남녀가 사랑에 빠지게 되면 남성이 여성보다 '사랑한다'는 말을 3배 많이 하는 것으로 나타났다는 기사에 대한 댓글

"'사달라' 여성이 남성보다 30배 더 말해."

• 남자가 여자한테 잘못했을 때

여자: 그 물건 내가 정말 아끼던 거 몰랐어? 너무한다.

남자: 미안해.

여자: 미안하다고 하면 그게 끝이야?

남자: 미안해.

• 여자가 남자에게 잘못했을 때

남자: 그 물건 내가 아끼던 물건인지 너도 알잖아. 너무한다.

여자: 그만해. 나도 그것 때문에 하루 종일 기분 안 좋았어.

남자: 미안해.

• 무한도전 징계위기…… 방통심의위 '폭파 장면 너무 자극적'

방송통신심의위원회로부터 경고 조치를 받은 MBC 「무한도전」이 또다시 징계위기에 처했다.

방통심의위는 회의를 열고 「무한도전–스피드 특집」과 관련한 징계 여부를 논의했다. 방통심의위가 문제 삼은 것은 방송 당시 차량 3대를 연속으로 폭파시키는 장면을 내보낸 부분. 이에 대해 방통심의위는 "자극적인 폭파 장면을 '주의' 자막 같은 최소한의 조치 없이 방송했다. 리얼을 표방하는 만큼 시청자에게 충격을 주거나 청소년에게 위험 행위에 대한 경시 풍조를 심어줄 수 있다."

라고 판단했다.

"「1박2일」 입수도 하면 안 됨. 투신자살을 조장함."

"「세바퀴」 퀴즈 맞히면 상품 주면 안 됨. 사행성을 조장함."

"「강심장」도 방송하면 안 됨. 심장 약한 사람을 차별하는 발언임."

"「스타킹」도 방송하면 안 됨. 청소년에게 스타킹 페티시를 심어줄 수 있음."

"「놀러와」도 방송하면 안 됨. 낯선 사람 집에 놀러가게 만들어서 납치, 유괴를 조장함."

• 여자가 남자보다 알뜰? 2030은 반대

선진국 여성: 국가발전을 책임진다.

개도국 여성: 가정화합을 책임진다.

한국 여성: 스타벅스의 매출을 책임진다.

• 필리핀에서 전 세계 인구의 70억 번째 아기가 태어났다는 기사

"70억 번째 아기는 지금 중국이나 인도에서 10번째 생일을 맞이하고 있음."

• 인터넷 MB 탄핵서명 주도한 '안단테'를 단독 인터뷰한 기사

박정희: 미쿡에서 돈 빌려다 가마솥에 밥을 지었다.

최규하: 밥 먹으려고 솥뚜껑 열다가 앗 뜨거워라 손 데고 떨어져나

갔다.

전두환: 지들 일가친척 모여서 밥솥 하나 다 비웠다.

노태우: 남은 누룽지에 물 부어 숭늉 끓여 솥 청소 깨끗이 했다.

김영삼: 그래도 뭐 남은 거 없나 솥바닥 박박 긁다가 가마솥 깨먹었다.

김대중: 국민이 모은 금으로 최신 전자밥솥을 사왔다.

노무현: 밥솥에 어떤 기능이 있나 밥도 지어보고 죽도 끓여보고 고구마도 삶아보다가 정작 밥상을 못 차려 성질 급한 손님들 자리를 박차고 나갔다.

이명박: 전자밥솥이 옛날 가마솥인 줄 알고 장작불에 얹어 다 태워먹는 중.

• 신사임당을 화폐에 등장시키려 하자 여성부에서 유교적인 인물로 현 여성상과 맞지 않는다며 반발했다는 내용의 기사

신사임당 넣으면 유교적 현모양처형으로 현 시대에 맞지 않다.

선덕여왕 넣으면 봉건적 인물로 현 시대에 맞지 않다.

허난설헌 넣으면 비련한 여성형으로 여성에 대한 비하.

소서노 넣으면 남편을 버린 몰지각한 여성. 여성에 대한 잘못된 일반화 우려.

유관순 넣으면 미인이 아니다. 한국 여성은 이렇지 않다. 학벌주의 논란.

김만덕 넣으면 사농공상 시대의 상인. 신분이 천하다.

나혜석 넣으면 서양화가로 서양에 대한 사대적 사고.

• 연예인의 사진 하나로 기사가 나오는 영양가 없는 연예언론에 대하여
"카라 구하라가 트위터 사진 바꾼 게 기사가 되고 신문에 실리고 그 종이를 만들려고 아마존의 나무가 잘려나간다. 그 기사를 쓰려고 기자는 2,000만~3,000만 원쯤 내고 4년제 대학을 나오고 1~2년 정도 언론사 시험을 준비했겠지. 구하라 사진 교체 기사를 쓰려고."

• 한나라당 중앙당 인권위원회 김연호 위원의 공지영 작가를 조사해야 한다는 발언에 대해서
"왜 조앤 롤링 작가 불러다가 호그와트 어딨느냐고도 좀 묻지 그래."

• 무상급식 주민투표 투표율이 33.3퍼센트에 못 미치자 서울시장을 사퇴한 오세훈. 이때 투표율은 25.7퍼센트였는데 홍준표 한나라당 대표는 이를 두고 '사실상 승리'라고 언급. 이후 '사실상~' 패러디 봇물
25퍼센트 투표율이 사실상 승리라면 일본에서 태어난 MB는 사실상 일본인.
소주 25.7퍼센트와 맥주 74.3퍼센트를 섞으면 사실상 소주.
25.7퍼센트 세일이면 사실상 공짜.
에베레스트 25퍼센트 올라가면 사실상 정복.

25.7퍼센트 투표율이 사실상 승리라면 파리도 사실상 새라고 봐야 한다.(시골의사 박경철)

진중권도 싱크로율로 보면 사실상 장동건.(진중권)

"유효투표율 미달인데 '사실상 승리'라면 앞으로 선거 2등도 '사실상 당선'으로, 고득점 대학 불합격자도 '사실상 합격'으로, 최종면접에 떨어지면 '사실상 취업'이라 부르며 살자."(고재열 시사IN 기자)

"동사무소 공익도 사실상 특수부대다."

"모기도 사실상 독수리다."

"사실상을 수여합니다."

"등록금도 25퍼센트만 내면 사실상 완납한 걸로 합시다."

• 연평도 포격 당시 한나라당 안상수가 보온병을 보고 포탄이라고 말한 사건

[패러디 작]

"이것은 보온병이 아니다.

내가 그의 이름을 불러주기 전에는

그는 다만

하나의 보온병에 지나지 않았다.

내가 그의 이름을 불러주었을 때

그는 나에게로 와서 포탄이 되었다.

(중략)

그에게로 가서 나도 그의 포탄이 되고 싶다.

작품 해설: "현실에서 도피하여 행방불명된 삶을 살았던 초현실주의자 'ASS'는 이처럼 친숙한 이미지 앞에서 관람객의 당황스러움을 야기한다."

"군대 갔다 온 백성들은 주로 보병, 공병, 포병, 아니면 통신병 같은 거 하는데, 행불상수는 군대 가서 보온병 하려나 봐요."(진중권)

인터넷 신조어: '상수스럽다'='제대로 알지 못하면서 아는 체하는 태도'

"전 지금 이마트 포탄 코너에 와 있습니다."(대형마트의 보온병 코너)

"한나라당 안상수 대표가 길에서 초딩들을 붙잡았다. 왜일까?"라고 물은 뒤 "불법무기소지죄! 야! 야! 야! 보온병 내놔~"

"보병, 포병, 취사병, 무전병…… 어이 안상수! 자네! 병과가 뭔가? '네 저는 보온병입니다.'"

"안상수 대표가 사실은 군대를 다녀왔다. 병과는 보온병(兵)."

"안상수 매뉴얼: 전쟁이 나면 군에 입대해 보온병을 들고 적진에 단신으로 뛰어 들어가 적들로부터 밥을 훔쳐 행방불명된다."

"윤봉길 의사는 도시락 폭탄을 던져 나라를 구하려 했고 안상수 대표는 보온병 포탄을 제조해 실의에 빠진 국민에게 큰 웃음을 주었다."

• '보온병' 발언으로 곤욕을 치렀던 안상수 한나라당 대표가 '룸에선 자연산이 인기'라며 성형수술을 하지 않은 여성을 '자연산'이라 표현해 성희롱 논란이 일고 있다. 네티즌들은 '코미디 2탄 탄생'이라고 안상수

를 비난하며 정치풍자의 소재로 삼았다.

"보온병 포탄도 자연산."

'안상수 삼행시' 짓기가 유행

안 보여서 행불상수.
상 식 없어 보온병 포탄.
수 술 안 해야 좋은 자연산 4대강.

안 꽈으로
상 태가 안 좋은 사람이
수 장이란다.

안 꽈에 대한
상 황을 제대로 인지하는
수 장이 되어주오.

안 절부절못하다가
상 황만 악화됐다. 무슨
수 가 없을까.

• 이번 정권은 도덕적으로 완벽 작은 흑점도 안 돼

"이명박 대통령이 이번 정권은 돈 안 받는 선거를 통해 탄생한 도덕적으로 완벽한 정권이라고 발언. '전지적 가카시점.'"

• 김금래 여성부장관 후보자가 분당 아파트를 9,000만 원에 샀다고 신고해 화제

김금래 여성부장관 후보자가 분당 아파트를 9,000만 원에 샀다

고 신고해 화제지요? 그가 한 해명이 '실거래가로 신고해야 하는지 몰랐다.'였는데 알고 보니 남편이 세법 전문가인 금융결제원장. '남편인 줄 몰랐다.'고 하지 않을지.

• 이명박 대통령, 기술인이 대우받는 사회, 학력보다 능력이 중시되는 사회를 만들기 위해 더욱 노력하겠다고 밝힘

"말만 하다 5년 때울 기세."

• 배우 김혜수와 유해진의 열애사실이 알려지자 현대판 '미녀와 야수'라며 사람들은 큰 충격에 빠졌지만, 두 사람의 사랑을 암시적으로 축하하는 댓글을 달았다.(지금은 헤어졌음)

"「식스센스」 이후 최고의 반전."

"2세가 복불복."

"박해진이 아니라 유해진이구나."

• 『춘향전』은 '변 사또가 춘향이 따먹는 것 아닌가'라는 김문수 경기도지사의 공개 발언이 인터넷에서 큰 후폭풍을 낳았다. 김문수 경기도지사의 발언에 대한 풍자도 인터넷에서 봇물을 이뤘다. 한나라당 패러디 트위터 계정을 쓰는 누리꾼 @Hannarardang은 김문수 지사의 발언을 빗대 '김문수 눈으로 고전읽기'라는 제목으로 풍자 트윗을 쏟아냈다.

구운몽: 스님인 성진이 8선녀를 희롱한 죄로 세상에 내려와 양소

유가 되었는데, 양소유가 8여자를 어찌어찌하고 다시 하늘로 돌아
간 이야기.

홍길동: 아버지를 아버지라 부르지 못하고 형을 형으로 부르지 못
하던 시대에 비하면 많이 좋아졌지 않느냐?

장화홍련전: 장쇠가 장화, 홍련 두 자매를 어찌어찌하려다 실패한
이야기.

흥부전: 흥부가 마누라랑 애들 많이 낳은 이야기. 많은 아이로 먹
고살기 어려워진다는 점에서 복지 포퓰리즘을 생각해볼 만하다.

• 정치권과 별개로 취업난에 허덕이는 학생들을 풍자

"좌익, 우익, 토익."(@Social_Holic)

• 스마트폰 경쟁

"가장 좋은 휴대전화를 사려면 죽기 전에 사야 함."

• 영화 제목과 내용 패러디

남: 그동안 널 쭉 사랑해왔어. 내 마음을 받아주겠니.

여: ……

남: 왜. 아직도 그 남자 못 잊은 거야?

여: 생각할 시간을 좀 줄래?

_시간을 달라는 소녀

친구1: 집에 뭔 봉지가 이렇게 많아.

친구2: 필요하면 가져가.

친구1: 됐다.

_누구나 비닐은 있다.

엄마: 아들, 부엌에 내놓은 갈치 먹었니?

아들: 아뇨?

엄마: 이상하네. 한 마리가 어디 갔지?

_생갈치1호의 행방불명

• 아나운서의 노출 논란

"영화배우가 벗고 레드카펫에 오르면 여신이고 리포터나 기상캐스터가 좀만 짧으면 노출패션이냐. 그 기준은 누가 정하는 거냐."

• 2012 대통령선거에서 안철수 후보의 사퇴 후 이코노믹 리뷰

"철수의 철수."

• 안철수, 문재인을 두고 짬뽕 먹을까 짜장면 먹을까 고민하던 한 분의 일갈

"에이씨 볶음밥 주세요 하고 싶은 심정."

"안철수는 영혼을 팔고 주식을 안 팔았어야 옳다는 말에 동감한다."

• 드라마 「7급 공무원」의 서열

최근 한 온라인 커뮤니티 게시판에 '7급 공무원 서열'이라는 제목으로 사진이 게재됐다. MBC 드라마 「7급 공무원」에 등장하는 인물들을 각각 실제 나이, 인지도, 기럭지, 재력, 지식, 업무처리 능력, 무술실력, 말발, 운, 포스 총 10개 항목으로 나눠 서열을 정리한 게시물이다.

지식 서열은 국정원 신입과정을 1위로 졸업한 최강희(서원)와 IT&TI의 실세 김수현(미래)이 공동 1위에 등극했다. 국정원 삼수생 주원(길로)과 특채 황찬성(도하)은 하위에 머물러 머리 나쁜 요원으로 찍혔다. 하지만 무술실력에서는 길로와 도하가 서원을 앞선다.

운 부문에서는 국정원 때문에 가족을 모두 잃었다는 안타까운 사연을 지닌 미래가 1위에 등극했다. 포스 서열에서는 카리스마 올드미스 요원 장영남을 능가하는 엄태웅이 단 4회 출연만으로 1위에 올랐다.

실제 나이 서열은 최강희가 가장 높았으며, 김민서, 김수현, 주원, 황찬성 순이었다. 인지도 분야에서는 주원과 최강희가 공동 1위를 차지했으며 2PM의 황찬성, 김민서, 김수현이 뒤를 이었다. 재력 분야에서 주원은 1위를 차지했다.

비즈니스,
공익 캠페인

"왜 안 사지?"는 '공장장 마인드'. 재치코드로 핵심 알린다

비즈니스에서도 마찬가지다. 재치는 상품을 홍보하고 알리는 데 효과
적인 코드다. 사실 광고에서 재치와 유머를 소구하는 데는 중요한 조
건 몇 가지가 있다.

- 메시지가 광고 전략에 적합한가.
- 목표시장에 호소력이 있는가. 아무리 재치 있고 메시지가 좋아
  도 소비자에게 호소력이 없으면 쓸모가 없다.
- 메시지가 명백하고 간결하며 완결성이 있는가.
- 메시지의 제작 요소가 메시지를 압도하지는 않는가.
- 창의성이 있어도 상품이나 서비스 판매로 연결되어야 한다.

유머나 재치 광고의 경우, 우습고 재치 있었다는 것만 기억나고 무슨 광고였는지 기억나지 않는 경우가 있다. 미국에서 핑크 버니를 내세운 에너자이저 건전지 광고가 있었다. 귀여운 핑크 토끼가 북을 치며 지나다니는 재치 있는 광고였다. 그런데 아이러니하게도 경쟁사인 듀라셀 건전지의 매출이 계속 늘었다. 사람들이 우스운 토끼만 기억하고 실제로 그 토끼가 어느 브랜드였는지 기억하지 못했기 때문이다. 그저 당연히 많이 보던 듀라셀 건전지일 것이라 생각하고 경쟁사 제품을 더 많이 산 것이다.

광고에서 유머와 재치는 제품의 가장 중요한 속성과 밀접한 연관성이 있어야 한다. 연관성이 없는 유머는 혼란만 초래할 뿐이다. 자사 제품과 경쟁사 제품을 혼동시키기도 하고, 심지어 어떤 상품이었는지조차 기억하지 못하는 경우도 있다.

DDB 니담 광고 대행사에서는 크리에이티브 전략에서 다음과 같은 세 가지 요인을 강조한다.

- 관련성relevancy
- 창의성originality
- 영향력impact

관련성은 소비자에게 깊이 관련이 있는 것, 즉 소비자 입장에서 중요한 메시지를 의미한다. 창의성은 차별화되는 광고 표현이다. 영향력은 소비자의 주의를 집중시킬 뿐만 아니라 적극적인 수용 분위기를 만들어주어야 한다는 것이다.*

이 광고는 독도 문제로 우리나라가 시끄러울 때 타이레놀이 했던 광고다.

"독도를 자기네 땅이라 말합니다. 대한민국 4,800만이 머리가 아픕니다. 머리 아플 땐 타이레놀."

다국적 기업이 우리나라에서 외교적으로 민감한 문제를 이렇게 재치 있게 풀어냈다. 이 광고는 그해 광고대상을 받았다.

---

* 박영원, 『비주얼 편 비주얼 편』, 시지락, 2003, 202쪽.

재치코드로 화제만발

재치 있는 마케팅을 하기 위해 인기 있는 영화, 드라마의 패러디도 자주 이용된다. 2012년 6월에 LG전자는 「푸른 거탑」 출연진 전원을 광고모델로 발탁해 군대 에피소드를 그대로 광고에 차용하면서 재치 있는 캠페인을 벌였다. 케이블 드라마의 신화라 할 수 있는 tvN 「푸른 거탑」 전체가 LG전자 광고로 옮겨지면서 그야말로 이 드라마가 대세임을 입증한 것이다. 그리고 시즌 2를 제작하기로 한 데 이어 광고계에까지 입성했다.

LG전자는 「푸른 거탑」 출연진 전원을 자사의 텔레비전, 모니터, PC 제품군에 탑재된 IPS 패널의 특장점을 알리기 위해 'LG IPS 군디컬 드라마: 푸른 거탑 스페셜 에디션'을 진행했다.

「푸른 거탑」 출연진은 독특한 캐릭터를 바탕으로 군 생활을 세밀하게 묘사하면서 LG IPS 패널의 특징을 익살스럽게 담아냈다. 전자 제품의 화질 때문에 불편했던 경험을 누구나 공감할 만한 군 생활의 에피소드로 녹여냈기 때문에 광고 자체가 「푸른 거탑」의 스페셜 에디션이라 해도 될 만하다.

'내무반의 전쟁' 편에서는 내무반에서 텔레비전 한 대를 가지고 양쪽으로 나뉘어 세력 다툼을 해야만 하는 상황을 표현했다. '은밀한 각도' 편에서는 걸그룹 감상에 열광하는 군인들 모습을 적나라하게 담아내 LG PC의 광시야각 개념을 소개했다.

'핑크빛 굴욕' '귀신 조교의 핑크모자' 편에서도 각각 분홍색 티셔츠와 모자를 빨간색인 줄 알고 인터넷에서 잘못 구매해 벌어지는 웃을 수 없는 에피소드를 들어 LG 컴퓨터 모니터의 강렬한 색 재현력을 재치 있게 선보였다.

이제는 소비자들에게 볼거리·놀거리·이야깃거리 등을 제공하는 브랜드와 엔터테인먼트의 합성어인 '벤터테인먼트 마케팅'이 환영받고 있다.

재치 있는 마케팅은 기업의 브랜드 이미지를 강화해준다. 구태의연한 표현으로 백 번 외쳐봐야 재치 있게 핵심을 찌르는 이미지 하나를 못 따라간다. 3M은 강화유리를 만들어 매우 효과적으로 홍보했다. 길거리에 300만 달러가 든 유리상자를 만들어두고 누구든지 와서 깰 수 있으면 돈을 가져가라고 홍보했다. 많은 사람이 야구방망이와 도끼를 들고 도전했지만 유리는 깨지지 않았다. 신문과 방송에 기사가 많이 나가니 자연스럽게 큰 화젯거리가 되었다.

별로 돈 들이지 않고도 제품의 핵심 '강화유리'를 알릴 수 있었다. "우리 유리는 깨지지 않습니다"를 백 번 외치는 것보다 이 유리상자

하나의 이미지가 훨씬 강력하다. 핵심 메시지를 재치 있게 전달하는 것이 중요하다. 사족 하나, 유리상자 안의 돈 가운데 위에 있는 것만 실제 지폐였다고 한다.

제품을 설명할 때 '백문이 불여일견'이라는 말처럼 한눈에 그 제품의 특성을 설명해줄 수 있다면 구구절절 말이 필요 없다. 다이어트 콜라

임을 한눈에 알아보게 하는 광고는 이런 역
할을 제대로 한다. 비주얼로 표현할 수 있는
재치는 구태의연한 설명 백 마디보다 훨씬
힘이 세다.

신문에 실린 사진들을 유심히 살펴보자. 어
떤 신제품을 홍보할 때도 구태의연한 사진은
웬만큼 큰 기업의 광고 협찬 없이는 안 실린
다. 광고의 힘을 빌려 기사에 등장하는 사진 말고는 모두 재치 있는 임
팩트가 있어야 한다. 어떤 일로 시위하는 사진도 마찬가지다. 그냥 시
위하는 사진보다 뭔가 특이한 사진이 신문에 실린다. 신문지면 크기에
는 한계가 있다. 그래서 그냥 '등록금을 낮춰주세요'라는 시위보다 가
짜 돈으로 옷을 만들어 입고 모자를 만들어 쓴 채 시위하는 사진이
실리는 것이다. 구태의연한 이미지는 힘이 없다. 구태의연한 메시지만
전달하기 때문이다.

점잖기만 할 것 같은 법조시장도 예외는 아니다. 미국의 경우, 변
호사가 너무 많아서 생존경쟁이 치열하게 벌어진다. 변호사가 텔레비

전에 광고도 한다. 우리나라는 광고가 허용되지 않지만, 앞으로 점점 더 치열한 경쟁시장이 될 것이라는 사실은 분명하다. 미국의 이혼 전문 변호사가 자신의 사무실 엘리베이터를 광고로 활용한 사례가 있다. 문이 닫혀 있을 때는 신랑신부가 행복하게 같이 웃고 있다. 문이 열리면 신랑신부가 양쪽으로 쫙 갈라선다. 아주 명백하게 이곳이 이혼전문 변호사 사무실이라는 걸 알려준다. 엘리베이터로 브랜드 마케팅을 했다.

제품과 상품은 다르다. 만들어놓으면 제품이 되지만 팔려야 상품이 된다. 수많은 비슷비슷한 제품 중에서 상품이 되려면 소비자와 커뮤니케이션이 되어야 한다. 단순히 성분을 나열한다고 해서 제품이 팔리지는 않는다. 쌀, 물, 치약 같은 생필품도 마찬가지다. 요즘은 쌀이나 물 같은 생필품도 브랜드가 있어야 팔린다. 오래전에는 물을 돈주고 사먹는다는 생각도 낯설었다. 하지만 이제는 물도 브랜드 취향 따라 사서 마신다. 유럽의 고급 물은 일반 크기 한 병에 300유로로 하는 것도 있다.

쌀처럼 일반인이 널리 사용하는 1차상품의 경우, 지나치게 기능적인 브랜드를 붙이면 소비자들은 그 제품을 특수 제품으로 인식할 수 있다. 쌀 같은 생필품은 무난하면서도 신뢰가 가는 이미지가 더 유리하다.

치약은 거의 쌀과 같은 개념이다. 누구나 집에서 사용하기 때문에 무심코 쓴다. 그런 치약을 어떻게 브랜드로 만들 수 있을까? 이름을 붙인다고 해서 브랜드가 되는 것은 아니다. 소비자들의 마음속에 브랜드로 자리 잡아야 브랜드가 된다.

이 단체사진은 무엇을 광고하는
것일까? 모든 사람의 얼굴에서 번쩍
번쩍 빛이 난다. 이것은 필립스 소닉
케어 음파칫솔 광고사진이다. 치아
케어가 아주 잘되어서 단체사진을
찍으면 이렇게 얼굴에서 번쩍번쩍 빛이 난다는 것이다.

그렇다면 팝콘에 들어 있는 기름은 몸에 안 좋다는 것을 어떻게
해야 효과적으로 알릴 수 있을까? 팝콘 한 봉지에 들어 있는 기름의
양으로? 기름이 몇 밀리리터 들어 있다는 식으로? 숫자가 나오기 시
작하면 감이 잘 안 오고 잘 와 닿지 않는다. 하지만 "팝콘 한 봉지에
는 햄버거, 닭튀김, 감자튀김을 다 합한 것보다 더 많은 기름이 들어
있다"라고 표현하면 확 와 닿는다.

확 와 닿게 표현한다는 것은 그래서 쉽고도 어렵다. 그 제품에 대
해서 잘 알수록 쉽게 표현하기가 더 어려워진다. 이걸 '전문가의 함정'
이라고 한다. 너무 잘 알고, 전문가이기 때문에 이 제품에 관심 없고
잘 모르는 사람들의 상태를 모른다는 것이다. 그래서 전문가처럼 표
현하다 보면 와 닿지 않는다.

페덱스의 광고를 보자. 북아메리
카에서 남아메리카까지 이렇게 빨리
배달한다는 메시지가 명확하게 한눈
에 와닿는다. 재치 있으면서도 핵심
을 꿰뚫었다.

보드카 앱솔루트의 위트

보드카 앱솔루트Absolut의 광고 시리즈는 꽤나 유명하다. 모든 광고에 앱솔루트 술병 모양이 숨겨져 있다. www.absolut.com에 가면 이런 광고가 수천 개 넘게 있다. 링거 모양의 앱솔루트 보드카를 광고 어딘가에 배치하고 하단에 'Absolut dream' 'Absolut attraction' 'Absolut heaven' 등 'Absolut……' 식으로 두 단어로 된 카피를 내걸었다. 앱솔루트 보드카의 광고 캠페인은 세계 각국의 도시, 예술가, 계절 등 무궁무진한 일상의 소재를 예술적이고 재치 있게 표현했다. 30여 년간 줄기차게 이런 형태로 광고했고 판매량도 계속해서 늘었다.

앱솔루트 보드카는 1981년부터 이렇게 아주 단순한 캠페인을 시작해서 30년 동안 계속해오고 있다. 광고 시리즈에서 그저 독특하게 생긴 병 모습과 함께 absolute라는 말을 변형할 뿐이다. 앱솔루트 시리즈의 원칙은 '결코 변하지 않으면서 항상 변한다'는 것 하나다. 이는 소비자들이 앱솔루트에 대해 일관된 이미지를 갖게 하면서도 시리즈 광고가 나올 때마다 싫증나지 않게 했다. 또 Absolut……라는 간결하면서도 강렬한 카피는 소비자 머릿속에 깊이 각인됐다.

익숙한 반복은 메시지를 고객의 눈에 띄지 않는 투명물체로 만든다. 따라서 변주가 필요하다. 함축과 변주를 반복하면 소비자와의 접점이 더욱 넓어진다. 앱솔루트 술병의 사진은 같게 하되 도시나 예술가의 작품, 패러디한 문학작품과 영화, 다양한 향이 첨가된 보드카 등 주제를 바꿔 배경을 달리했다. 우리나라에도 '앱솔루트 시티 Absolut city 시리즈' 광고가 등장했다. '앱솔루트 서울Absolut Seoul' 광고 시리즈에는 방패연, 불타버린 숭례문 등이 등장했다.

앱솔루트 이전에는 보드카를 광고하는 일이 거의 없었고 고급 보드카 산업도 존재하지 않았다. 앱솔루트는 광고 역사상 가장 성공적인 장수 캠페인이 되었다. 앱솔루트 보드카는 보드카의 맛은 거의 다 똑같다는 문제점 때문에 스미노프 같은 타사 제품과 경쟁해서 우위를 차지한다는 것은 어려웠다. 더군다나 넘버원의 브랜드 포지셔닝은 불가능해 보이는 일이었다. 하지만 광고대행사 TBWA가 생각해낸 독특한 광고 전략 하나로 앱솔루트 보드카는 통쾌하게 역전승을 이끌었다.

재미있는 것은, 이런 광고를 그 회사에서만 만드는 것이 아니라 소비자들이 만들어준다는 점이다. 소비자들이 왜 앱솔루트 회사의 광고를 만들어줄까? 자신의 재치를 뽐내기 위해서다.

앱솔루트는 브랜드의 슬로건으로 '결코 달라지지는 않겠지만 늘 변화합니다Never different, but always changing'를 내걸었다. 광고 시리즈의 콘셉트도 마찬가지다. 모든 광고에서 독특한 병 모양을 늘 활용하지만 광고 디자인과 재치 있는 콘셉트는 다양하다.

1970년대까지만 해도 싸구려 독주로 취급받던 앱솔루트가 이렇게 기발한 광고 시리즈 하나로 일약 고급 제품으로 이미지를 탈바꿈했다. '여피yuppie'라는 젊은 상류층이 즐겨 찾는 브랜드가 되었다. 재치와 위트가 있으면서 경제력을 갖춘 계층의 기호품으로 브랜드 지위brand status가 달라진 셈이다. 앱솔루트를 마신다는 것은 상류층이면서도 재치와 위트가 있는 계층이라는 표시처럼 되었다.

앱솔루트 보드카 광고는 암시적 펀pun의 이용 사례다. 과거 경험에 의존해서 앱솔루트 보드카를 보드카 이외의 다른 이미지를 암시하게 하는 암시적 펀이다.

이런 암시적 이미지를 통해서 미국인이 보드카는 러시아산이라는 선입관을 가지고 있을 때 스웨덴산을 알렸다. 광고는 '절대적인 완벽absolute perfection'처럼 absolute로 시작하는 두 단어로 이루어진다. 지금까지 제작된 광고 수천 편 가운데 어느 하나도 이 규칙을 벗어난 것이 없다. 그러나 수천 편 중에서 서로 비슷하게 느껴지는 건 하나도 없다. 일정한 표현의 틀 안에서 다양하게 변화를 주기 때문이다. 마치 「개그콘서트」의 한 코너가 늘 똑같은 포맷과 같은 전개 방식을 쓰더라도 항상 다른 것과 마찬가지다. 일정한 틀 안에서 늘 새로운 것을 만들어내기는 사실상 어렵다.

Absolut Passion

앱솔루트 파리

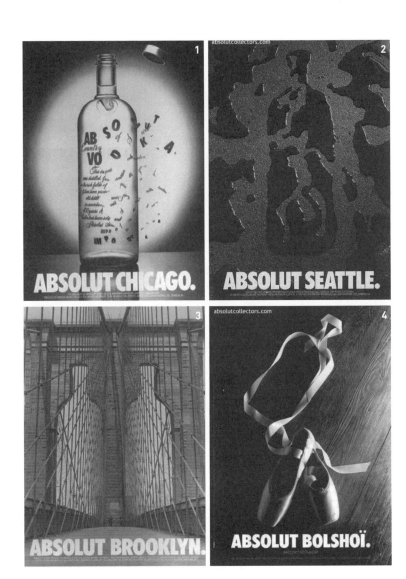

1 앱솔루트 시카고. 바람이 많이 불어서 windy city라는 별명이 있는 시카고의 이미지
2 앱솔루트 시애틀. 비가 많이 내리는 시애틀의 이미지
3 앱솔루트 브루클린. 뉴욕 시 브루클린 다리의 모습으로 형상화
4 앱솔루트 볼쇼이. 볼쇼이 발레단의 발레 슈즈로 앱솔루트 병 모양 표현

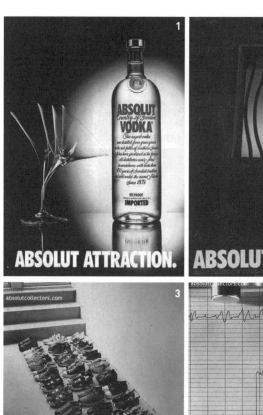

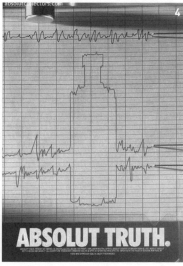

1 Absolute attraction
2 Absolute freedom
3 Absolute obsession. 절대적인 강박관념. 신발 정리까지도 앱솔루트 병 모양으로 해야 한다.
4 Absolute truth. 거짓말탐지기

참 좋은데 어떻게 표현할 방법이 없네

"남자한테 참 좋은데, 남자한테 정말 좋은데…… 어떻게 표현할 방법이 없네. 직접 말하기도 그렇고."

이 말은 특유의 중독성으로 인터넷 등에서 순식간에 퍼져나가며 드라마, 코미디, 시사만평 등 다양한 분야에서 패러디된 광고 멘트다. 광고에서는 턱을 괴고 앉아 고민에 빠져 있던 천호식품 김영식 회장이 혼잣말처럼 푸념을 내뱉는다. 이 솔직한 푸념이 공전의 히트를 한 유행어가 되었다.

"남자한테 참 좋은데 어떻게 표현할 방법이 없네"는 허위광고라고 해서 법원까지 갔다. 그러나 2011년 10월에 허위·과대광고가 아니라는 대법원 판결이 나왔다. 천호식품은 일간지 광고와 방송광고를 통해 '남자한테 참 좋은데 어떻게 표현할 방법이 없네'와 '한의학에서도

극찬한 산수유의 힘'이라는 문구가 산수유 제품을 의약품인 것처럼 허위·과대광고한 혐의로 기소됐다. 재판부는 "허위·과장광고로 식품위생법 위반 부분을 무죄로 선고한 원심은 정당하다."라고 판단했다. 원심 재판부는 "관련 내용은 특정 질병이나 약효 언급 없이 식품의 좋은 점을 소개한다는 취지로 식품위생법상 규제하는 허위광고로 볼 수 없다."라며 무죄를 선고했다.

　김영식 회장이 산수유를 사업 아이템으로 잡고 직원들과 제품을 팔 방법을 논의하던 때였다고 한다. 산수유가 정력에 좋은데 사람들에게 대놓고 설명하기가 애매했다. 김영식 회장이 무심코 "산수유, 남자한테 참 좋은데, 어떻게 설명할 방법이 없네"라고 말했는데 직원들의 반응이 좋았다. 그래서 그대로 광고까지 만들었다. 예전에 미국 부시George W. Bush 대통령에게 한번 먹어보라고 산수유를 선물로 보냈더니 3개월 뒤 고맙다는 편지가 왔다고 한다. 영부인 로라 부시에게서. 그의 입담은 대단해서 그가 풀어낸 이런 이야기는 좌중을 사로잡는다.

애교 넘치는 건강 관련 캠페인

미국에서는 헬스클럽과 관련해서 애교 있는 광고물을 많이 볼 수 있다. 피트니스 센터나 요가 센터가 홍보하기 위해서 '깜찍한' 아이디어를 많이 내놓는다. 우리나라도 이렇게 깜찍한 홍보를 많이 하면 지나가다가 웃음이라도 지을 텐데 말이다.

Gold's Gym

1 헬스클럽의 엘리베이터
2 헬스클럽의 쇼핑백
3 Weight Watchers 광고. 광고 전단을 찢어갈수록 여성이 날씬해진다.
4 Wheaties 시리얼의 쇼핑백. 이 봉지를 들고 있으면 누구나 식스팩으로 보인다.
5 요가 센터를 광고하는 빨대. 몸이 이렇게 휘어질 수도 있다!

공익 캠페인도 '공자님 말씀' 가지고는 안 먹힌다.
재치코드가 필수

공익 캠페인은 공공적 메시지를 담고 있기 때문에 자칫 잘못하면 지루한 공자님 말씀이 되기 쉽다. 지루한 공자님 말씀은 참으며 들을 수 있지만 설득력은 떨어진다. 지루하다고 느끼는 순간, 설득력은 물 건너가기 때문이다. 으레 하는 말씀 정도로 치부되면 하나마나한 이야기가 되어버린다.

'안전벨트를 맵시다, 운전 중에 휴대전화를 사용하지 맙시다, 금연합시다, 거리에 담배꽁초를 버리지 맙시다, 잔디밭에 들어가지 맙시다, 투표에 참여합시다.'

이런 내용은 사실 콘텐츠 자체가 재미있을 수 없다. 그럴수록 재치 있는 메시지라야 눈길도 끌고 마음에 와 닿는 메시지가 된다.

운전 중에 안전벨트를 꼭 매자는 외국의 공익 캠페인 동영상을 본적이 있다. 제목은 'Embrace life'다. 안전벨트를 매자는 말은 한마디도 나오지 않는다. 처음부터 끝까지 애절하면서도 장엄한 음악이 흐른다. 거실에는 아빠, 엄마, 딸이 앉아 있다. 아빠는 운전하는 동작을 취하고 있다. 슬로비디오로 엄마와 딸이 운전하는 아빠의 가슴과 등을 안전벨트처럼 천천히 껴안는다. 세 사람이 완전히 밀착된 순간, 갑자기 교통사고처럼 유리가 깨지며 산산조각이 난다. 그런데 아빠는 무사하다. 엄마와 딸이 껴안아서 만들어준 안전벨트 덕분이다. 마지막 순간에 보는 이들은 다 같이 안도하면서 후유 하는 한숨을 내쉬게 된다. 깨질 뻔하다가 무사하게 된 가정을 보면서 안도하게 된다.

슬로비디오 영상과 애절하면서도 장엄한 음악 덕분에 이 캠페인은 한 편의 예술작품이 되었다. 단순한 광고로뿐만 아니라 미장센도 훌륭해서 영화를 한 편 보는 것 같다.

'투표에 참여합시다'라는 공익 캠페인도 웬만해서는 주목받기 힘들다. 그래서 선거에서 투표율을 높이기 위한 독려 방법은 늘 고민거리다. 선거관리위원회에서 투표율을 높이기 위해서 '투표합시다'라고 아무리 외쳐도 그 자체만으로 투표율이 높아지지는 않는다.

그런데 스필버그 감독이 만든 「투표합시다」 동영상이 있다. 할리우드의 유명한 스타들이 대거 출연한다. 레오나르도 디카프리오, 톰 크루즈, 윌 스미스, 토비 맥과이어, 더스틴 호프만, 애쉬튼 커처, 저스틴 팀벌레이크, 나탈리 포트만 등 톱스타들이 스티븐 스필버그 감독이 제작한 투표 독려 영상에 나온다. 그 스타들이 한 명씩 카메라 앞에 나와서 심각한 어조로 말한다.

"투표하지 마세요."

"투표, 그런 것 해서 뭐 하죠? 나는 돈도 많이 버는데."

"한 표 따위가 무슨 소용이 있나요?"

"누가 당신 아이들 교육 따위에 신경 쓰죠? 투표하지 마세요."

"심각하게 말씀드리는데, 정말 투표하지 마세요."

"아무도 선거에 신경 안 써요."

웬일인가 싶다. 배우들은 이렇게 투표하지 말라는 말을 하고 난 뒤 감독에게 묻는다.

감독님 이건 웃기는 내용이에요.

It doesn't make any fxxking sense!

연기에 대해서 좀 더 지시를 주세요!

한 표따윈 아무짝에 쓸모 없다구?

"투표하지 말라고요? 이거 뭔가 이상한데."

"투표하라고 해야 하는 거 아닌가?"

"Are you sure?"

이렇게 당황한 듯 한마디씩 던진다. 이 배우들은 곧 감독의 지시에 반박하기 시작한다.

결국 감독은 대본을 찢으며 이들에게 "마음대로 말하라."라고 한다. 그러면 할리우드 스타들이 다시 한 명씩 카메라 앞에 나온다.

"투표하지 마세요. 교육 문제가 중요하지 않다면."

"투표하지 마세요. 미래의 아이들이 어떻게 살아가게 될지 개의치 않는다면."

"투표하지 마세요. 환경이 어떻게 되건 상관없다면."

"투표를 꼭 해야 합니다. 투표를 하지 않으면 말할 자격조차 없어요."

마지막에 한 명이 나와서 이렇게 말한다.

"이런 문제들을 해결하고 싶다면, 꼭꼭 투표하세요."

막연히 투표에 참여하라고 독려하는 포스터나 동영상보다 훨씬 설득력 있었다.

우리나라에서는 2012년 대통령선거를 앞두고 포스터 한 장이 화제를 모았다. 일반인이 만든 투표 독려 포스터였는데, 인터넷에 퍼지면서 화제가 되었다. '여고생이 만든 대선 투표 독려 포스터'라는 제목의 이미지였다. 'CHANGE(변화)'라는 단어의 6개 철자가 한데  모여 투표용지 마크가 되는 모습이 담겨 있다. 실제로 포스터를 만든 이는 여고생이 아니라 '한국여고생'이라는 아이디로 한 커뮤니티에서 활동하는 디자인 전공 남학생으로 알려졌다. 이 포스터는 구태의연하게 '투표에 꼭 참여합시다'라는 공무원식 표어보다 월등하게 설득력이 있다.

Change라는 글자가 점점 투표용지의 기표 마크로 변해간다. 얼핏 봤을 때는 오바마의 선거포스터인 줄 알았다. United가 Change라는 글자로 바뀌어가는 포스터가 있었다. 그러나 이 포스터는 선거용지의 기표 마크로 바뀌면서 Change라는 단어가 주는 의미가 증폭되고 있다.

외국의 또 다른 투표 독려 포스터가 있다. 이 포스터는 얼핏 봐도 좀 이상하다. 사람들의 얼굴에 남의 것이 분명한 입 사진이 덧붙여져

있다. 이 포스터의 메시지는 이렇다.

"당신이 투표하지 않으면, 다른 사람의 입으로 당신 의견을 말하게 됩니다."

남의 입으로 내 의견을 말하게 하고 싶은 사람은 없을 것이다. 이 포스터는 재치 있으면서도 의미 있게 투표에 참여해야겠다는 마음이 들게 만든다.

글자수만 맞춘다고 표어가 되지는 않는다

사실 공익 캠페인일수록 진부한 '공자님 말씀'이 되기 쉽다. 말은 다 맞는데, 가슴에 안 와 닿는 '으레 하는 말' 정도로 치부되기 쉽다. '쓰레기를 버리지 마시오.' '물을 아껴 씁시다.' '잔디밭에 들어가지 마시오.' 사람들은 그 팻말을 본다. 그리고 아무렇지도 않게 지나간다. 으레 씌어 있는 말들이거니 생각한다.

글자수만 맞으면 표어가 된다고 생각하는 공무원식 표어도 있다.

경찰청 앞을 지나가다가 육교에 붙어 있는 표어를 보았다. "버리세요 설마의식 지키세요 교통질서." 이 표어를 보고 '그래, 교통질서를 정말 잘 지켜야

되겠다.'라고 생각하는 사람이 몇 명이
나 될까? 글자수만 딱딱 맞춘다고 표어
가 되는 건 아니다. 오히려 공공기관에
서 내거는 구태의연한 이런 표어들은 자
원 낭비다. 나는 지나가다가 이런 사진
들을 많이 찍는다.

　해수욕장 샤워실에도 샤워시설 앞에
'물을 아낍시다'라는 표어를 붙여놓곤 한다. 그런데 그저 '물을 아낍
시다'라고 써놓는 건 진부한 설교 메시지일 뿐이다. 가슴에 안 와 닿
는다. 표어가 뭐라고 하든 표어와 상관없이 물을 마구 쓴다. 그런데
이 사진을 한 장 보자. 해수욕장 샤워시설 앞에 '우리가 샤워를 한
번 할 때 쓰는 물의 양'을 물병으로 쌓아서 보여주고 있다. 엄청난 양
의 물병이 산처럼 쌓여 있다. "샤워 한 번 하는데 이렇게 물을 많이
쓴단 말인가?" 놀라면서 조금이라도 아끼게 된다. 이런 재치 있는 캠
페인이 설득력 있다.

강력한 비주얼의 힘

강력한 비주얼을 던지면 설득력이 높아진다. '광고천재'라고 불리는
이제석이 만든 여러 공익 광고를 보면 비주얼의 힘이 얼마나 큰지 알
게 된다. 다음 광고는 장애인을 배려하자는 캠페인이다.

　계단에 에베레스트 산의 사진을 붙여놓았다. 그리고 "어떤 사람들

에게 이 계단은 에베레스트 산입니다
For some, it's Mt. Everest."라고 써놓았
다. 우리는 아무렇지도 않게 걸어 올
라가는 이 계단이 휠체어를 탄 장애인
에게는 에베레스트 산을 올라가는 것
보다 힘들게 여겨질 것이다. 장애인에
대해서 생각해보지 않던 사람도, 이
계단을 보면 장애인의 어려움을 뼈저리게 느끼게 된다.

광고천재 이제석이 상을 받은 반전광고가 있다. 전쟁 반대를 구구
절절 외치는 것보다 이 비주얼 하나가 훨씬 더 강력한 메시지를 전달
한다. 긴 총구가 둥근 기둥을 돌아서 나에게 다시 겨누어진다. 비행
기에서 발사한 미사일도 다시 돌아서 나를 쫓아온다. "총을 겨누면
그 총구가 나를 향해 돌아온다What goes around comes around." 구구
절절 긴 말 없이도 반전의 메시지를 확실하게 전달한다.

여기 피자 한 조각이 있다. 첫 번째 접시에는 '아침', 두 번째 접시에는 '점심', 세 번째 접시에는 '저녁'이라고 씌어 있다. 피자 한 조각 정도의 음식으로 그나마 아침, 점심, 저녁을 나눠서 먹어야 하는 현실을 보여준다. 아프리카 사람들의 하루 식사량이 턱없이 적다는 메시지를 전달한다. 피자 한 조각이면 보통 사람들에게 한 끼 식사로도 부족할 수 있다. 이걸 세 번에 나눠서 먹어야 하는 아프리카의 현실을 비주얼로 전달하고 있다.

눈에 띄는 입양 캠페인이 있다. 입양 포스터라면 어른이 아이를 안고 있는 모습을 상상하기 쉬운데, 이 포스터에서는 아이가 어른을 안고 있다. 그만큼 입양한 후의 기쁨이 크다는 걸 눈으로 생생하게 보여준다. 그 광고에는 이렇게 씌어 있다.

"입양하세요. 당신이 줄 수 있는 것보다 훨씬 많은 것을 받게 됩니다Adopt: You will receive more than you can ever give."

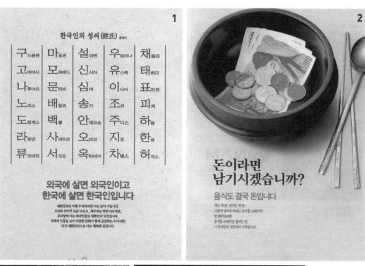

1 "외국에 살면 외국인이고 한국에 살면 한국인입니다" 외국인의 성씨를 한국 성씨로 풀어서 주제를 잘 표현했다.
2 한동안 음식을 남기지 말자는 캠페인이 있었다. "돈이라면 남기시겠습니까?" 이 문구와 그릇 안에 담긴 돈이 강력한 메시지를 전달한다.
3 쓰레기를 쓰레기통에 넣었는지 누군가가 보고 있다면?
4 '백문이 불여일견'이라는 말은 이럴 때 쓴다. 식판의 종이에 결식아동의 손을 사진으로 담았다.

식상함은 가라
정치에도 재치코드가 필수다

2012년 대통령선거, SNS의 재치

2012년 대통령선거 때는 토론이 SNS의 재치 뽐내기 대회장처럼 되었다. 정말 촌철살인하는 평이 폭포처럼 쏟아져 나왔다. 압권이었던 일부 평은 카톡과 트위터로 일파만파 퍼져나갔다. 1차 대선토론 뒤 인기를 끌며 회자되었던 재치 있는 평을 보자.

「대선토론 요약」

내 거친 생각과~(이정희) 불안한 눈빛과~(박근혜) 그걸 지켜보는 너~~~(문재인)

[요약1]

　－ 이정희: 나는 잃을 게 없다.

　－ 박근혜: 나는 읽을 게 없다.

　－ 문재인: 나는 낄 데가 없다.

　－ 사회자: 나는 필요가 없다.

[요약2]

　－ 이정희: 나는 혼냈다.

　－ 박근혜: 나는 혼났다.

　－ 문재인: 나는 혼자였다.

[요약3]

　－ 여자 1호는 여자 3호를 미워했다.

[요약4]

여자 3호는 여자 1호가 맘에 들지 않는다.

말을 잘 못하는 여자 1호는 말을 잘하는 여자 3호가 밉다.

그리고 여자 3호는 남자 2호에게 호감을 가지고 다가간다.

그러나 남자 2호는 말이 없다.

사실 남자 2호는 다른 남자에게 관심이 있다.

이렇게 정치촌의 밤은 깊어간다.

케이블 텔레비전 tvN의 「Saturday Night Live(SNL)」에서 대선토론을 패러디한 코너는 정말 배를 잡고 웃게 만들었다. 어쩌면 이렇게 각 후보의 특성을 재치 있게 잘 잡아냈는지 놀라웠다.

박근혜–문재인 후보의 텔레비전 토론이 끝난 뒤에는 이런 댓글도 많은 추천을 받아서 회자되었다. 그리고 이와 유사한 패러디 버전이 무수히 많이 나왔다.

"자네는 학점도 별로에다 학회 발표도 없고 논문도 적고 지금까지 학문적으로 뚜렷하게 이룬 것이 없는데 어떻게 생각하나?" "그래서 지금 제가 교수가 되겠다는 거 아닙니까! 제가 교수만 되면 다 하겠다는 겁니다."라는 글도 600회 이상 리트윗됐다.

대중의 마음을 사로잡는 슬로건

정치 분야에서는 핵심을 찌르면서 재치 있는 슬로건의 힘이 더욱 크다. 어느 나라건 성공적인 캠페인의 핵심에는 명확한 콘셉트가 있다. 그걸로 국민의 마음을 사로잡는다. 역사적으로 성공한 선거 슬로건은 후보자에겐 승리를, 국민에겐 위안을 주었다. 정치적으로 어려운 구도를 뒤집기도 했다. 결국 기발한 슬로건은 시대 상황이 만든다.

민주주의 사회에서 권력은 총구에서 나오지 않는다. 민주주의 사회에서 권력은 생각의 총알과 말의 폭탄으로 얻어진다. 선거라는 전쟁터에서 사용되는 생각과 말의 실탄이 바로 슬로건이다. 유권자의 마음을 사로잡기 위한 슬로건은 선거전의 백미다. 정치현장에서는 "훌륭한 슬로건이 100분의 연설이나 1,000명의 선거운동원보다 낫다."라고 말한다. 정치 슬로건이 유권자의 투표 의사 결정에 미친 영향을 연구한 조사에 따르면 '슬로건 때문에 투표한 적이 있느냐'는 질문에 '그렇다'고 밝힌 사람이 33퍼센트였다. 특히 20~30대는 슬로건의 영향을 가장 크게 받는 것으로 조사됐다.

슬로건은 가치와 감성을 드러내는 말을 조합한 것이다. 슬로건은 '슬로곤slogorn'이라는 스코틀랜드 말에서 왔으며 '군대'와 '함성'이라는 뜻이 섞여 있다. 슬로건은 선거의 전부는 아니지만 쓸모 있는 무기다. 선거 슬로건도 카피라이팅의 한 종류다. 선거 후보자라는 상품을 파는 광고 문구다. 멋진 말을 나열했다고 해서 좋은 카피라이팅이 되는 것은 아니다. 슬로건에는 고도의 마케팅 전략이 필요하다. 이 상품이 상징하는 대표 브랜드는 무엇인가? 핵심 가치는 무엇인가? 이 상품이 경쟁 상품과 다른 점은 무엇인가? 슬로건은 이런 질문에 답하는 과정에서 나온다. 선거 슬로건은 이런 질문을 단번에 답변하는 절묘한 말을 조합해야 한다.

빌 클린턴은 "문제는 경제야, 바보야!It's the Economy, Stupid!"라는 슬로건을 내세워서 당선되었다. 1980년대 경제공황에 빠져 힘들어하던 미국 사회의 현실을 간결하게 표현한 슬로건이었다. 원래는 선거 구호가 아니라 당시 워룸war room으로 불리던 선거사무실 벽에 붙어 있던 문구다. 이는 모든 선거운동, 전략과 메시지를 경제에 시종일관 집중해야 한다는 뜻이었다. 경제에 실패한 이전 정부의 결정적인 문제를 해결하겠다는 의지를 보여줌으로써 유권자들의 이목을 집중시키는 효과가 있었다.

경제문제에 초점을 맞춘 클린턴의 캠페인은 성공적이었다. 클린턴의 거짓말, 여자관계 등 어떤 공격도 경제문제 앞에서 클린턴을 쓰러뜨리지 못했다. 미국에서 제일 낙후된 아칸소 주지사 출신인 클린턴을 대통령으로 만든 슬로건이었다. 걸프전에서 승리함으로써 재선을 노리던 대통령 부시를 누른 원동력이 바로 이 슬로건 한 줄이었다.

당신은 4년 전보다 더 잘살고 있습니까?

레이건은 "당신은 4년 전보다 더 잘살고 있습니까Are you better off than you were four years ago?"라는 슬로건으로 백악관에 입성했다. 사실 이 슬로건은 긍정적이라기보다는 부정적이다. 미국 정치사에서 부정적 슬로건을 내세워 선거에서 이긴 예는 거의 없다. 하지만 공화당의 레이건 후보는 민주당 후보로 대선에 출마한 카터 정권을 지칭하는 '4년 전'이라는 직설적 표현을 사용했다. 4년 전보다 더 잘산다고 생각하는 국민은 별로 없었다. 4년 전과 비교했을 때 더 잘살고 있지 않다면 또다시 같은 대통령을 뽑을 수는 없다고 생각했을 것이다. 이 슬로건 역시 경제문제에 대해서 이전 정부의 능력에 의문을 던져 효과적인 결과를 가져왔다.

레이건은 "미국에 다시 찾아온 아침It's Morning Again in America"이라는 슬로건도 내세웠다. 미국에 다시 찾아온 아침은 국민에게 희망을 제시했다. 이 슬로건은 미국 정치사상 최고 슬로건의 하나로 꼽힌다.

우리나라에서는 2002년 대통령선거에서 권영길 후보가 레이건의 "당신은 4년 전보다 더 잘살고 있습니까?"를 재활용해서 "국민 여러분 살림살이 좀 나아지셨습니까?"를 슬로건으로 내세웠다. 하지만 권영길 후보의 이 슬로건은 큰 반향을 일으키지 못했다. 권 후보가 속한 정당이 국민의 살림살이를 더 나아지게 할 능력이 있다는 인식이 없었기 때문이다. 대통령에 당선되면 후보 자신은 더 잘살 수 있겠지만 국민 전체의 살림살이가 나아지리라는 생각은 들지 않았기 때문에 이 슬로건은 실패했다.

일본 민주당의 하토야마 유키오鳩山由紀夫는 "당신의 일상생활이 우선이다"라는 슬로건으로 선거를 승리로 이끌었다. 당시 집권 자민당이 내놓은 슬로건은 "일본을 지킨다" "책임 있는 정당" 같은 거시담

론이었다. 하지만 일본 국민들은 생활의 변화를 바라고 있었다. "당신의 일상생활이 우선이다"라는 슬로건을 내세워 민주당은 일본에서 54년 동안 장기 집권하던 자민당을 침몰시켰다. 그동안 자민당에 대해 부글부글 끓고 있던 민심이 반영된 것이다. 언론은 이를 두고 선거혁명이라고 평가했다. 천지가 개벽한 셈이다.

2012년 4월 프랑스 대통령선거에서 사르코지 대중운동연합 후보는 "강한 프랑스La France forte"라는 슬로건을 내걸어 승리했다. 5년 전 그는 "함께하면 모든 것이 가능해집니다"로 당선된 적이 있다. 사르코지에 맞선 올랑드 사회당 후보는 "변화는 바로 지금"을 내세웠다. 5년 전 루아얄 사회당 후보의 슬로건은 "더 공정하면 프랑스는 더 강해진다"였다.

브라질의 룰라 대통령도 국민의 일상 속으로 들어가는 슬로건을 내세웠다. "국민 여러분, 행복해지기를 두려워하지 마십시오." 룰라의 메시지는 불안해하는 국민을 달랬고, 결국 외국 자본이 밀던 여당 후보를 꺾는 승리로 이어졌다. 룰라 대통령은 브라질의 전설이었다. 금속노동자에서 대통령이 되었다.

그는 브라질이 안고 있는 문제의 해법을 찾아서 강하게 밀어붙였다. 그의 정책 판단 근거는 국민이었다. 브라질 국내총생산 규모를 세계 6위로 끌어올렸고, 중산층을 40퍼센트 이상 확대했다. 좌파지만 경제를 살리는 자본주의적 정책을 밀어붙였다. 그는 재임 기간에 큰 업적을 쌓아 전설이 되었다.

룰라 대통령이 퇴임할 때 지지율은 무려 87퍼센트에 달했다. 대통령의 지지율은 대부분 취임할 때 가장 높고 그 뒤 하강곡선을 그리게 된다. 우리나라 대통령들의 퇴임 때 지지율은 취임 때보다 늘 낮았다. 하지만 룰라는 퇴임할 때 지지율이 87퍼센트였다. 그는 장기 집권이 될 3선을 포기하고 호세프 여성 대통령에게 자리를 물려주었다. 떠나는 룰라를 향해 브라질 국민은 감사의 눈물을 흘렸다. 성공한 대통령을 이야기할 때 브라질의 룰라 대통령과 칠레의 바첼레트 대통령을 자주 거론한다. 그들이 거론되는 이유 중 하나는 퇴임 때의 지지율 때문이다. 지지율은 국민의 평가를 그대로 반영한다.

우리나라는 어떤가? 여론조사에 따르면 이명박 대통령이 퇴임할 때 지지율은 30퍼센트였다. 이 대통령이 취임할 때 지지율 52퍼센트로 출발한 것을 감안하면 이 대통령에 대한 국민의 평가가 점점 낮아진 셈이다. 노무현 대통령도 취임 때는 60퍼센트의 지지율을 보였으나 퇴임 때는 27.9퍼센트로 크게 떨어졌다.

영국의 대처 수상은 "노동당은 일하지 않는다"를 슬로건으로 내걸었다. 이 슬로건은 네거티브 전략의 결정판이었다. 카피라이팅을 할 때 부정적 표현이나 부정문으로 시작하는 것은 좋지 않다. 하지만 이 슬로건은 상대 당의 무능력을 호소력 있게 공격했다. 대처는 인기가 없었지만 호소력 있는 선거 전략으로 승리했다는 평을 받았다.

"변화Change!"와 "예스, 우리는 할 수 있다Yes, We Can"

오바마는 "변화Change!"와 "예스, 우리는 할 수 있다Yes, We Can"를 슬로건으로 내세워 2008년에 흑인으로는 처음 미국 대통령에 당선되었다. 우리가 변화를 이끌 수 있다는 희망을 보여주어 대선에서 승리한 것이다. 공화당은 오바마의 선거 슬로건인 "우리는 변화를

오바마의 선거 포스터. UNITED가 CHANGE로 변한다.

믿는다Change We Can Believe In"에 맞서 "우리는 그런 변화는 용납할 수 없다The Change We Can't Afford"를 내세우기도 했지만 역부족이었다. "우리는 변화를 믿는다"와 함께 흑인들 사이에 특별한 메시지가 돌기도 했다.

"로자가 앉았기 때문에 마틴이 걸어갈 수 있었다.

마틴이 걸어갔기 때문에 오바마가 달릴 수 있었다.

오바마가 달릴 수 있으니 앞으로 우리 아이들은 하늘을 날 수 있을 것이다.

Rosa sat so Martin could walk;

Martin walked so Obama could run;

Obama is running so our children can fly!"

이 슬로건은 오바마가 대선에 나섰을 때 흑인들이 주고받던 메시지였다. 이 문구는 입에서 입으로, 이메일로, 티셔츠로 급속히 확산되었다.

미국에서 로자 파크스Rosa Parks는 위인전의 인물로만 존재하나 했는데 2008년 44대 대통령선거 과정에서 부활했다. 1958년 몽고메리에서 흑인 여성 로자 파크스가 흑백분리 버스에서 백인들과 같이 앉았다. 그녀의 행동은 미국 현대사를 아예 뒤흔들었다.

그 뒤 1963년 마틴 루터 킹이 걸어서 워싱턴으로 행진했다. 그 행진 덕으로 45년 뒤 오바마가 대통령후보가 됐으며 오바마가 당선되면 흑인 아이들이 마지막 차별의 족쇄까지 끊고 세상을 훨훨 날아다닐 수 있다는 이야기다.

이 슬로건은 피츠버그에 사는 열아홉 살 흑인 싱글 맘이 민주당 시당 간부에게 보낸 문자 메시지로 알려졌다. 많은 흑인에게 퍼지면서 「오바마를 위한 노래song for Obama」로까지 만들어졌고 폭발적인 인기를 끌었다. 그리고 슬로건대로 오바마는 대통령에 당선됐다.

로자 이야기는 이보다 길다. 1900년 로자의 고향 몽고메리에서는 버스 좌석에 흑백이 분리되어 있었다. 버스기사나 차장에게 흑인 승객이 앉아야 할 자리를 지정하거나 자리에서 일어서게 하는 권한까지 부여했다. 그런데 로자는 흑백분리에 대항해서 그대로 백인 자리에 앉아 있었다. 버스기사는 경찰을 불렀다. 로자는 흑백인종분리법 위반으로 기소되어 벌금을 냈다.

이것이 유명한 몽고메리 버스 보이콧 운동의 시작이었다. 흑인민권운동의 신예 마틴 루터 킹 목사가 앞장섰다. 흑인들은 매주 월요일 버스 타지 않기 운동을 벌였다. 많은 흑인 노동자가 걸어서 일터로 나갔다. 마틴 루터 킹의 집과 흑인 교회는 백인들의 공격을 받았고,

로자와 그의 남편은 직장을 잃었다. 하지만 그들은 굴하지 않고 사회운동에 앞장섰다.

그리고 그 이후에, 지방법원은 흑백분리를 규정한 몽고메리 시의 조례가 수정헌법 제14조를 위반했다고 판시했다. 그 해 11월 3일 미국 연방대법원은 버스에서 흑인석과 백인석을 나누는 것은 위헌이라고 판시했다.

로자의 승리는 마틴 루터 킹 목사의 워싱턴 D.C.를 향한 도보 대행진으로 이어졌다. "나에게는 꿈이 있습니다I have a dream."라는 마틴 루터 킹의 유명한 연설이 이때 나왔다.

앞으로Forward

오바마 미국 대통령은 2012년 재선 캠페인 때 슬로건으로 "앞으로 Forward"를 내세웠다. 2008년 대선 때 "변화Change"를 외친 오바마는 유권자를 향해 "앞으로 나아가자"고 했다. "앞으로"는 오바마가 이미 상당한 업적을 이뤘다는 의미를 내포함으로써 2008년에 '희망'과 '변화'를 슬로건으로 내세웠던 연장선이라고 볼 수 있다. "앞으로"는 재임 4년 동안 이뤄낸 변화와 함께 계속해서 미래로 나아가자는 의미였다.

'앞으로'라는 제목의 7분짜리 비디오도 공개했다. 비디오는 조지 부시 정권에서 오바마 정권으로 바뀌는 2008년 당시 미국의 경제위기 상황에서 시작된다. 그러면서 공화당 핵심 지도자들의 모습을 보여준다. 공화당 대선후보 롬니의 모습도 짧게 지나간다. 그리고 오바마 대통령 임기 동안 이뤄낸 성과를 하나씩 보여준다. 일자리 창출, 중산층 세금 구제, 소규모 기업 세금 감면, 동성애자 입대 제한 폐지, 이라크전쟁 종식 등의 성과가 동영상의 반을 차지한다. 오바마의 "앞으로"는 상당히 성공적인 선거 슬로건이었다.

경쟁자 롬니 공화당 후보는 슬로건으로 "미국에 대한 믿음Believe in America"을 들고 나왔다. 대선 기간에 경쟁자 롬니는 "살림살이가 4년 전보다 나아졌습니까?"라는 슬로건과 함께 오바마 대통령의 경제정책 실패를 지적하는 내용을 담은 광고를 내보냈다. 롬니 캠프는 오바마가 '골프광'이라고 비판하면서 "지금은 골프보다 경제위기를 해결하는 데 집중할 때" "오바마에게 영원한 골프휴가를 주자"는 슬로건도 내세웠다.

빌 클린턴도 민주당 전당대회에서 오바마 대통령을 후보로 지지했다. 그는 정공법을 택했다. 청중을 향해 "우리가 4년 전보다 나아졌는가"라고 물은 뒤 오바마의 업적을 열거했다. 롬니 진영이 민주당 전대 기간에 "당신은 4년 전보다 나아졌습니까"라는 슬로건으로 오바마 대통령을 공격한 데 대해 정면으로 반격한 것이다.

오바마 캠프도 네거티브 캠페인을 했다. 기업가 출신인 롬니에게 중산층에게 무관심한 정치인이라는 부정적 이미지를 씌웠다. 롬니가 노년층 의료보험을 민영화하려는 데 대해 비판하고, 사회보장연금 '소셜 시큐리티'에 대한 주장을 공격했다. 선거 결과, 미국 국민은 오바마를 두 번 선택했다.

오바마 대통령은 재선에 성공한 뒤 '친구'들에게 편지를 띄웠다. 시카고 그랜트공원에서 열린 승리 파티에 가기 전에 이런 내용의 이메일을 돌렸는데 셀 수 없이 많은 '친구'가 이 메일을 받았다.

"친구 여러분, 저는 지금 모든 이가 모여 있는 시카고 그랜트공원으로 가려고 합니다.

그러나 그전에 우선 당신에게 쓰고 싶은 것이 있습니다.

우리는 방금 역사를 만들었습니다.

그리고 저는 당신이 어떻게 우리가 그렇게 했는지를 잊지 말았으면 합니다.

당신은 이 선거운동 기간에 매일 역사를 만들었습니다.

당신은 날마다 낯선 사람의 집을 방문했고,

저에게 기부를 해주거나 당신의 친척·친구·이웃에게 왜 지금이 변화를 위한 시간인지를 말해주었습니다.

저는 이번 캠페인에 쏟아준 당신의 시간과 재능 그리고 열정에 고마움을 전하고 싶습니다.

이 나라를 바로 세우기 위해서는 할 일이 많습니다.

그리고 저는 곧 무엇을 해야 할지에 관해 연락을 취할 것입니다.

그러나 한 가지 점에 대하여 분명히 하고 싶습니다.

이 모든 것이 일어난 것은 바로 당신 덕분입니다.

고맙습니다." _버락

다음은 2008년 오바마의 선거 포스터다. 오바마가 백인이고 경쟁자 매케인이 흑인이었으면 어땠을까 하는 역지사지의 포스터다. 인종문제가 아니라 정책으로 대결하자는 의미를 담고 있다. "사회문제를 사회문제로 바라보자는 의미Let the issues be the issue." 오바마는 실제로 선거 캠페인 동안 인종을 문제로 만들지 않았다. '어젠다agenda'를 '비어젠다non-agenda'로 만들었다.

김대중 대통령의 슬로건은 "준비된 대통령"이었다. 감옥까지 포함해서 그가 살아온 일생과 앞으로의 발걸음이 대한민국의 준비된 정치인이라는 인식을 주는 슬로건이었다. 이 슬로건은 매우 단순하지만 국민에게 신뢰를 주는 역할을 해냈다. 박근혜 대통령이 "준비된 여성 대통령"이라고 내세웠지만 실제로는 김대중 대통령의 슬로건만큼 파괴력은 없었다.

경제를 살리겠습니다

이명박 대통령은 "경제를 살리겠습니다" 한 문장으로 당선되었다고 해도 지나친 말이 아니다. '경제 대통령' '국민성공시대'를 내걸면서 경제만큼은 제대로 살릴 수 있는 대통령이라는 인식을 강력하게 심어주었다. 당시 경제 대통령이라는 슬로건은 국민의 기대를 한 몸에 받는 효과를 가져왔다. 이명박 대통령은 747(연 7퍼센트 성장, 소득 4만 달러, 세계 7대 부국)이라는 구체적 공약을 내놓으며 이 슬로건을 뒷받침했다. 결과적으로 국민의 관심을 경제로 끌어오는 데 성공했고 대선에서 압도적인 득표율을 보였다.

당시 시대적 상황은 대통령이 될 사람의 능력이 중요시되는 분위기였다. 그래서 경쟁자인 정동영 후보가 아무리 이명박 후보의 도덕성을 물고 늘어져도 먹히지 않았다. '능력'과 '도덕성'이라는 프레임 중에서 이미 능력 프레임으로 선거 구도가 만들어졌기 때문이다. 그래서 국민은 '깨끗하지만 무능해 보이는' 후보보다 '더러워 보이지만 유능해 보이는' 후보를 선택했다. 능력 프레임의 싸움에서 정동영 후보는 이명박 후보를 이길 수 없었다. 그래서 선거는 '규정하기'의 게임이라고 한다. 나를 규정하고 상대방을 규정하고 선거의 의미를 규정해야 한다. 규정을 먼저 할수록 선거에서 유리해진다. 이런 규정을 상대방이나 언론이 먼저 해버리면 질 수밖에 없다.

2012년 대통령선거에서는 돋보이는 슬로건이 없었다. 박근혜 후보는 "국민이 행복한 나라"를 내걸었다. 문재인 후보는 "사람이 먼저다"를 내세웠다(나중에 이 슬로건은 그럼 사람이 먼저지 동물이 먼저냐는 식의 말거리가 되기도 했다). 안철수 후보는 "상식과 원칙이 통하는 사회"를 내걸었다. 후보는 아니었지만 손학규 고문과 정세균 고문은 각각 "저녁이 있는 삶"과 "빚 없는 사회"를 슬로건으로 삼았다. "국민이 행복한 나라" "사람이 먼저다" "저녁이 있는 삶" 같은 슬로건은 '개인'을 중시했다는 공통점이 있다. 국가의 발전도 중요하지만 개인의 자아실현과 행복에 무게중심을 두었다.

손학규 고문의 "저녁이 있는 삶"은 매우 독특한 슬로건이었다. 이 슬로건은 일단 이미지가 그려진다. 저녁 풍경이 떠오르는 것이다. 학생들에게 와 닿는 슬로건을 물어보면 거의 다 이 "저녁이 있는 삶"을 꼽았다. 퇴근시간이 넘어도 일에서 손을 놓지 못하며 개인과 가정생활을 희생하는 중산층·서민을 위로하는 구호로 개인의 현실적 욕구를 문학적으로 표현해서 호평을 받았다. 또 지금까지 정치인 손학규가 지닌, 모범생 서울대 엘리트 이미지를 깨고 서민 가족에게 호소할 수 있는 슬로건이었다. 이 슬로건으로 본인의 약점을 보완했다. 슬로건에서 부정적 어휘는 경계 대상이다. "못 살겠다 갈아보자" 같은 슬로건은 야당 성향의 지지자를 뭉치게 하는 효과는 있지만 전체를 아우르는 안정성은 없다. 그런데 "저녁이 있는 삶"은 자신의 이미지를 개선하면서도 야당답지 않은 포용력까지 담은 슬로건이었다.

대체로 성공한 슬로건에는 시대정신이 담겨 있다. 1956년 대선에서 야당인 민주당은 "못 살겠다 갈아보자"라는 슬로건을 만들었다. 이것이 정권교체를 요구하는 민심에 파고들자 여당인 자유당은 "구관이 명관이다"로 맞붙었다. 당시 민주당과 자유당이 장군멍군식으로 주고받은 "못 살겠다 갈아보자"와 "구관이 명관이다"는 슬로건 명대결로 꼽힌다. 요즘 선거판에서도 장황하게 공약을 설명하거나 '조국과 민족'을 내세우는 거창한 연설보다 정곡을 찌르는 슬로건 한 줄의 위력이 여전하다.

중앙선데이가 해방 이후 한국에서 치러진 모든 선거(대선·총선·지방선거·교육선거)에 쓰인 슬로건 5만 3,832개를 분석한 결과 가장 많이 쓰인 단어는 '일꾼'(7,565건)이었다. 슬로건 제작 전문업체 브랜드OK슬로건은 '유권자를 위해 일하겠다는 의지와 능력을 부각하려는 뜻'이라고 해석했다. 2~5위는 '사람'(4,951건), '함께'(2,283건), '깨끗한'(2,237건), '선택'(2,068건) 순이었다. '사람'은 13대 대선 당시 노태우 후보의 "보통 사람", '깨끗한'은 15대 대선 당시 이회창 후보의 "깨끗한 정치, 튼튼한 경제" 슬로건에 들어갔다. 이들 단어는 각각 권위주의 청산과 부정부패를 척결하겠다는 의지를 표현하기 위해 사용됐다.

SNS가 발달하면서 슬로건은 이제 인터넷을 통해 엄청난 속도로 확산된다. 유권자 마음에 공감대를 형성할 수 있는 강력한 슬로건은 SNS를 타고 일파만파로 퍼질 수 있다. 같은 맥락에서 말이 안 되는 슬로건도 그렇게 퍼져서 역풍을 불러올 수 있다. 적절한 슬로건의 중요성이 날이 갈수록 커지는 것이다. 슬로건은 선거 구도를 짜는 전략적 메시지다.

'낙인'의 힘은 크다

슬로건은 아니지만 반대 측에서 만든 '낙인'이 정치 생명을 위협하기도 한다. 나경원 의원에게 '피부과'라는 말은 자다가도 몸서리가 쳐질 단어가 아닐까 싶다. 나경원 의원은 똑똑하고 예쁜 정치인으로 한창 주가를 올리면서 서울시장에까지 출마했다. 그런데 그녀를 한순간 쓰러뜨린 건 '피부과에 1억을 썼다'는 소문이었다. 이 이야기는 SNS를 통해 순식간에 퍼져나갔다. 사실 피부관리에 1억 원을 쓴다는 말은 어떤 사람에게나 기분이 나쁠 만한 이야기다. 하루하루 생활고에 시달리는 서민에게는 말할 것도 없고, 심지어 피부관리에 5,000만 원을 쓰는 사람에게조차 기분 나쁜 이야기가 될 것이다.

서울시장 선거 당시 SNS에서 가장 많이 리트윗되고 가장 많이 퍼져나간 메시지는 다름 아닌 이것이었다.

"기호 1억, 나경원."

'기호 1번'이 아니라 '기호 1억'이 되었다. 서울시장 선거의 판도는 사실 그것으로 끝났다. 그리고 어찌 보면 정치인 나경원이 앞으로 선출직에 뽑히기는 어려워질 수 있는 계기가 되어버렸다. 본인은 억울하다고 여러 통로로 호소하기도 했다. 지상파 텔레비전 쇼 「두드림」에 스페셜올림픽조직위원장 자격으로 나와서도 피부과 소문이 억울하다고 하소연했다. 그래서 또다시 구설수에 오르기도 했다.

코끼리는 생각하지 마

『코끼리는 생각하지 마』라는 책이 있다. 미국 민주당의 전략가인 레이코프 George Lakoff가 쓴 책인데 아주 의미심장하다. '코끼리'는 미국 공화당의 상징이다. 만약 지금 이 책을 읽는 독자들에게 내가 "저, 지금부터 1분 동안만 절대로 코끼리를 생각하지 마세요."라고 한다면 어떤 일이 일어날까? 아마도 독자들은 평소에 생각지도 않던 코끼리를 계속 생각하게 될 것이다. 생각하지 말라고 할수록 더욱더 생각하게 된다. 왜? 코끼리를 생각하지 말라는 부탁을 받았기 때문이다.

오바마 대통령 이전에는 미국 공화당이 선거에서 계속 이겼다. 공화당은 '세금 경감tax-relief'이라는 선거공약을 계속 내세웠다. 세금으로부터 구제해주겠다는 공약이었다. 알고 보면 이는 부자들에게 감세를 해주는 정책이었다. 그래서 민주당은 이에 대항하기 위해서 '세금으로부터의 구제'는 나쁜 공약이라고 반격했다. 결과는 어땠을까? 유권자들은 '세금으로부터의 구제'라는 단어만 생각했다. 그리고 논리가 어떻게 되었건 세금으로부터 구제해주겠다는 것이 나쁘다니 뭔가 말이 되지 않는 느낌을 받았다. 그래서 민주당은 '세금 경감'을 이기지 못했다.

민주당이 공화당을 이기기 위해서는 '세금 경감'을 언급하지 말았어야 했다. '세금 경감'을 언급하면 할수록, 비판하면 할수록, 유권자에게는 세금으로부터 구제해주겠다는 긍정적 의미만 입력시키게 된다.

비슷한 예가 있다. 어느 날 잡지에서 탤런트 임정은에 대한 기사를 보았다. 우아하게 느껴지는 임정은의 외모는 심은하를 많이 닮았다. 그래서 늘 '제2의 심은하'라고 불렸다. 임정은은 이 말이 싫었을 것이다. 이미지로 먹고사는 연예인이 제2의 다른 연예인이라니. 이것이 그리 오래 강점이 되는 건 아니다. 잡지 기사는 임정은을 인터뷰한 내용이었는데 기사 제목은 '이젠 심은하가 아니다'였다. 기사에도

임정은이 심은하와 비교되는 것을 얼마나 싫어하는지에 대한 이야기가 많았다.

코끼리나 '세금 경감'과 똑같은 상황이다. 임정은이 이제는 심은하와 비교되는 것이 싫다면 그녀가 취해야 할 전략은 하나다. 어디 가서든 심은하의 '심'자도 입 밖에 내어서는 안 된다. 심은하와 비교되는 것이 싫다, 제2의 심은하라는 말이 싫다는 말을 하면 할수록 스스로를 '제2의 심은하'로 만든다.

'어젠다'를 '비어젠다'로 바꾸는 것이 필요한 이유가 여기에 있다. 원하지 않는 소문이 확산되기를 원하지 않는다면, 시간이 지나서 잠잠해진 소문을 본인이 다시 끄집어내서는 안 된다.

나쁜 투표, 착한 거부

오세훈 서울시장이 퇴진하게 된 것은 무상급식 이슈 때문이다. 그는 이 이슈에 정치생명을 걸고 투표에 부쳤다. 그리고 지면 물러나겠다고 배수진을 쳤다. 그러자 오세훈 시장의 정책에 반대하는 측에서 내건 슬로건은 이랬다.

"나쁜 투표, 착한 거부."

정치적인 면은 접어두더라도, 이 슬로건은 희대의 명작이라고 생각한다. 투표 자체가 나쁜 것이니 투표를 안 하는 것이 착한 일이라는 논리다. 사람은 대개 투표에 참여하지 않는 데 대해 죄의식을 조금은 갖고 있다. 국민으로서, 시민으로서 최소한의 의무를 행하지 않는다는 죄책감이 있다. 그런데 "나쁜 투표, 착한 거부"라는 슬로건은 이 죄책감을 한 방에 날려주었다. 투표하러 가지 않더라도 시민의 의무를 다하지 않는다는 죄책감을 가지지 않도록 만들었다. 결국 오세훈 시장은 무상급식 주민투표 결과에 책임을 지고 서울시장직에서 물러났다. 그에 앞서 차기 대선 불출마도 선언했다. 임기가 2년 10개월이나 남아 있었다.

오세훈 시장이 배수진을 치면서 기자들 앞에서 무릎을 꿇은 사진이 신문에 실렸다. 오세훈 시장은 눈물까지 흘렸다. 그러자 이런 말들이 나왔다.

"밥 안 준다고 우는 아이는 봤어도, 밥 못 주겠다고 우는 어른은 처음 본다."

이것 역시 절묘하다. 그 한마디가 여론에 그대로 통했다. 신문기사로, SNS로 퍼져나갔다.

전국에서 제일 잘사는 서울시가 무상급

식을 못하겠다고 혈세 200억 원을 들여 주민투표를 실시한다는 데 대해서도 비판이 나왔다. 서울시장직이 그렇게 쉽게 버릴 만큼 가벼운 자리였던가.

그 투표로 배수진을 친다는 건 질 수밖에 없는 게임을 시작한 것이었다. 아무리 보수적으로 계산해도 그 투표는 오세훈이 승리하기 힘든 싸움이었다. 찬반 대결도 아니었다. 투표율이 33.3퍼센트를 넘느냐 마느냐는 싸움이었으니까. 주민투표는 평일에 실시되었고 직접 이해에 관계된 주민도 많지 않았다. 그래서 최종 투표율은 25.7퍼센트였다. 오세훈 시장이 시작한 식판전쟁은 결국 낮은 투표율 속에 오세훈의 정치 퇴진이라는 결과로 막을 내렸다.

오세훈 시장은 네이밍 싸움에서 졌다. 오세훈 시장의 "단계적 무상급식"이라는 구호보다는 민주당의 "나쁜 투표, 착한 거부"라는 슬로건이 더 먹혀들었다. 민주당은 주민투표를 앞두고 일찌감치 "아이들 편 가르는 '나쁜 투표' 거부하자"를 모토로 내걸었다. '나쁘다' '착하다'는 감성적이면서 이분법적인 접근을 했다. '나쁜 투표 거부'는 의도적으로 만든 것이 아니라 네티즌 사이에서 자연스럽게 만들어진 단어이기도 했다.

오세훈 시장은 자신의 '단계적 무상급식안'이 야권이 주장하는 '전면적 무상급식안'보다 설득력이 있다고 자신했다. 그래서 야권과 승부를 벌이면 판은 뜨거워지고 결국 승리할 수 있다고 예상했다. 하지만 그것은 오판이었다. 민주당과 서울시교육청 등이 아예 투표 불참운동을 할 줄은 예상하지 못했다. 투표 불참으로 유효투표율 33.3퍼센트에 이르지 못해 투표함도 못 여는 상황이 되어버렸다.

한나라당은 야당 시절에 종합부동산세 등을 '세금폭탄'으로 하고 대북 지원을 '퍼주기'로 네이밍해서 당시 여당인 열린우리당을 공격했다. 당시에는 작명 싸움에서 우세를 보였다. 민주당은 '나쁜 투표' 외에도 '강부자·고소영 내각(강남부자·고려대·소망교회·영남내각)' '미친 소(미국산 쇠고기)' 등의 작명으로 여론을 주도했다. 민주당의 '부자 감세'와 '반값 등록금'이라는 용어는 결국 한나라당에서도 쓰는 단어가 되었다.

'문순C' 최문순 지사의 재치코드

최문순 강원도지사는 선거에서 두 자릿수 이상의 여론조사 열세를 뒤집고 역전승을 거두었다. 모두가 놀란 결과였다. 인지도가 높은 엄기영 전 문화방송 앵커가 승리할 것이라는 것이 당시 여러 여론조사의 일반적 예측이었다. 최문순 지사가 승리할 수 있었던 결정적 요인으로는 재치 있는 SNS를 꼽을 수 있다.

그는 국회의원 시절부터 블로그, 트위터, 페이스북에서 20~40대와 소통해왔다. 그리고 강원도지사 선거전에 뛰어들면서 자신에 대한 관심을 불러일으키고 투표에 참여해줄 것을 호소하는 도구로 SNS를 활용했다.

자신의 블로그에 '나는 강원도지사다'라는 코너를 개설해서 네티즌에게서 정책 제안을 받았다. '니가 가수다'라는 코너에서는 유행가나 동요, 민요 등에 가사를 바꾼 로고송을 모집해 유세에 사용하기도 했다. 트위터에 "물감자 강원도가 아니라 금바위 같은 강원도, 강원도의 자존심을 지키겠습니다." "내 고향 춘천에서 미소 짓게 하는 간판 '칼 갈아요'–칼 가는 심정으로" 등을 올렸다.

인지도에서 밀리던 최 후보가 승부수를 던진 것은 후보자 토론회였다. 토론회가 끝난 뒤 '딴소리하는 엄기영' '개콘을 연상케 하는 엄기영의 토론솜씨' 등의 제목을 단 동영상이 유튜브에 공개됐다. 이 영상은 트위터를 통해 퍼져나갔다.

사실 SNS는 후보의 인간미를 적극 알릴 수 있는 중요한 수단이다. SNS를 적극적으로 활용한 최 후보는 젊은 층의 지지를 얻어냈고 극적인 역전승을 이루어냈다.

번지점프, 자전거, 수상스키도 선거캠페인 방법으로 활용되었다. 최문순 후보는 강원도 인제군에 있는 번지점프장에서 60미터 번지점프에 도전했다. 빨간 넥타이에 흰색 셔츠 차림으로 번지점프대에 오른 최 후보는 "투표합시다"를 외치며 뛰어내렸다. 가슴에는 '위대한 TWO표'라는 문구가 적힌 플래카드를 부착했다. 이는 각 언론을 통해 소개돼 네티즌과 강원지역 유권자의 관심을 끌었다. 자전거 대행진에 참여해서 11킬로미터 코스를 완주하기도 했다. 번지점프 당시 착용했던 플래카드도 함께했다. 수상스키에도 도전했다. 수상레저용 수트를 입은 최 후보는 번지점프 때와 마찬가지로 투표 참여 플래카드를 가슴에 달고 수상스키를 탔다.

최 후보의 블로그는 기존 후보들의 홈페이지와 달리 젊은 감각이 묻어나는 내용으로 가득하다. '최문순 캠프, 못생긴 사람 뽑기 투표

실시 및 결과 발표'가 그 대표적 예다. 블로그 이름도 '야단법석 문순 C네 블로그'다.

국회의원 시절 그의 홈페이지 주소를 치면 '어! 문순C네'라는 문구 가 떴다. 그 밑에 조그맣게 '국회의원 최문순입니다'라고 씌어 있었다. 그리고 메인 화면에 크게 '정치는 사랑입니다'가 떴다. 그리고 그 밑에 는 이렇게 씌어 있었다.

"정치를 시작하면서 슬로건 하나를 얻었습니다. '정치는 사랑이다.' 제가 평생 고민해온 '어떻게 인간의 존엄을 확대할 것인가?'를 좀 편 안하게 표현한 것이죠. 다행히 제가 살면서 겪은 여러 일(외상 후 스트 레스 장애, 현장 기자, 노동조합 간부, 해고자, 사장)이 편견 없이 사랑을 실 천할 자양분으로 작용했으면 좋겠습니다. 열심히 노력하겠습니다."

KTX가 코리안 택시입니까?

2012년 국회의원 선거 캠페인 뉴스를 보다가 빵 터졌다. 노회찬 후 보의 말 한마디 때문이었다. 당시 노 후보는 허준영 새누리당 후보와 노원구에서 맞대결을 펼쳤다. 허준영 전 철도공사 사장이 후보로 나 서면서 이렇게 외쳤다.

"노원구에서도 KTX로 부산, 광주 갈 수 있도록 하겠습니다."

그러자 노회찬 후보가 정곡을 찌르면서 공격했다.

"KTX가 코리안 택시입니까? 동네방네 다 서게?"

그의 재치 있는 발언은 어록을 만들어도 될 정도로 많다. 그는

2013년에 '삼성 X파일' 사건으로 유죄가 확정돼 의원직을 잃게 되자 도둑은 놔두고 '도둑이야' 소리친 사람만 처벌한다며 대법원의 판결을 비판했다. 라디오에 출연해서는 이같이 말했다.

"대법원의 판단 결과가 뇌물을 준 사람, 뇌물을 심부름한 사람, 뇌물을 받은 검사들은 어느 한 명 처벌받지 않고 이를 보도한 기자 두 명과 수사를 촉구한 그 당시 법사위 국회의원인 제가 처벌받는 경우가 됐습니다."

한때는 '노회찬 어록'이 인기 상한가였다. 인터넷에서는 '노회찬 어록'이 인기 검색어였고 인터넷 카페에는 '리얼real 노사모'까지 생겼다. 그는 여러 차례 텔레비전 토론회에 나와서 정곡을 찌르는 말을 많이 했다. 텔레비전 토론 이후 그는 탄핵정국과 총선이 만들어낸 스타로 떠올랐다.

그의 커뮤니케이션 스타일은 유권자를 시원하게 만들어주었고, 이런 스타일은 본인뿐만 아니라 민노당이 국회에 진출하는 데도 상당히 긍정적인 역할을 했다. 무엇이 사람들을 열광하게 만들었나? 영화 제목 「메리에겐 뭔가 특별한 것이 있다」처럼 '노회찬에게는 무엇인가 특별한 것이 있다'고 본다. 그의 커뮤니케이션 스타일에 관심을 갖게 만든 대표 목록을 보자.

−"한국의 야당은 다 죽었습니다. 누가 죽인 게 아니라 자살했습니다."(노회찬 의원을 인기 검색어로 만든 '자살한 야당' 이야기)
−"50년 동안 한 판에서 계속 삼겹살을 구워먹어서 판이 이제 새까

맞게 됐습니다. 이제 삼겹살 판을 갈아야 합니다."('노회찬'이라는 이름을 각인시킨 '삼겹살 판갈이')

－"옆에서 굶고 있는데 암소 갈비 뜯어도 됩니까? 암소 갈비 뜯는 사람들 불고기 먹어라 이거예요. 그러면 옆에 있는 사람 라면 먹을 수 있다는 겁니다. 이게 얼마나 인간적입니까? 부유세가 바로 이런 겁니다."(집을 16채 보유한 의사, 변호사 부부가 1년 소득을 800만 원으로 신고한 사례가 있다며)

－"열린우리당은 길 가다 지갑 주웠으면 경찰에 신고해야 해요."(탄핵안 가결 뒤 열린우리당 지지율이 급등한 데 대해)

－"민노당의 원내진출은 목욕탕에 찬물 한 바가지가 온 것이며 탕 전체가 36.5도로 미지근해지려면 여러 바가지가 더 들어와야 한다."(민노당 원내진출의 의의에 대해)

재치코드 워딩
원칙이 있다

2장

추상적인 단어를
구체적인 숫자로 표현한다

숫자의 힘은 강하다

뉴스에서 면적을 말할 때 몇백만 제곱미터라고 정확한 수치를 읽어
줘도 머리에 잘 와 닿지 않는다. 그런데 여의도 면적의 여섯 배라고
말해주면 확 와 닿는다. 복잡한 숫자는 잘 와 닿지 않지만 간결한 숫
자의 힘은 강하다. 일반적인 글에 구체적인 숫자를 넣으면 글이 생생
해진다. 숫자의 이미지와 개성이 글을 살리기 때문이다.

　반복되는 숫자의 힘도 크다. 어느 호텔에서는 창립 9주년을 맞아
99번째 들어오는 손님에게 숙박료를 999원만 받겠다고 광고했다. 상
당히 어필하는 전략이었다.

1Q84(책)

당신의 1퍼센트가 누군가의 행복 100퍼센트로(사랑의 열매)

20대 피부, 20대만의 것일까요?(아모레퍼시픽)

500일의 썸머(영화)

8과 1/2(영화)

30Rock(미국 드라마)

88만 원 세대(책)

10월의 어느 멋진 날에(노래)

1리터의 눈물(일본 드라마)

20개의 건강한 치아를 80세까지(2080치약)

순간의 선택이 10년을 좌우합니다(LG전자)

부부는 1+1=2가 아닌 1이 되어야 한다(삼성 히트세탁기)

세상은 평범했다. 9월 21일 전까지는(폭스바겐 골프 출시 광고)

99.999퍼센트 살균(옥시크린)

대한민국 1퍼센트(렉스턴)

10minute(노래)

12월 32일(노래)

당신을 360도 사랑합니다(리젠 성형외과)

숫자 중에도 십진법의 힘은 더 강하다

십진법의 숫자는 특히 힘이 강하다. '수능 100일 전'이 되면 신문은 수능 기사로 도배된다. 보통 사람들은 100일 전이 언제인지 헤아리기도 어렵다. 하지만 '100'이라는 숫자가 가지는 놀라운 마력 때문에 '수능 100일 전'은 중요한 날이 된다. 창립 10주년, 100주년은 그래서 중요하지 않은가? 숫자 단위가 커지면 흔히 '셀 수 없이 많은'이라고 말해버린다. 이때 백, 천, 만의 단위를 이용해 구체적인 숫자의 힘을 발휘해보자.

흉내 낼 수 있다면, 아우디 100년이 아니다(아우디)

아우디에겐 100년도 한순간이었다(아우디)

피로의 무게는 천근(유한양행)

10년을 생각하면 기술이지만 100년을 생각하면 철학입니다(뉴체어맨)

백만스물하나 백만스물둘(에너자이저 건전지)

천만 가지 알바의 시작(알바천국)

300(영화)

6백만 불의 사나이(미국 드라마)

밀리언 달러 베이비(영화)

있는 그대로
'돌직구'를 던진다

솔직하게 있는 그대로

그냥 있는 그대로 말하는 것에도 기술이 필요하다. 그러나 솔직함이
지나치거나 상황에 맞지 않을 때는 실례가 된다. 사람관계에서도 '나
는 솔직해.'라고 하면서 '돌직구'를 마구 던져 상대에게 상처를 입히는
사람이 있다. 본인은 솔직한 것인지 모르겠지만 배려가 없는 솔직함
은 '싸가지'가 없는 것이 된다.

솔직함과 싸가지의 차이는 상대에 대한 배려가 있느냐 없느냐다.
브랜드를 만들기 위해서 자신을 솔직하게 드러내는 전략은 효과적이
다. 진솔하기 때문에 마음에 들어갈 수 있다. 자신을 낮추는 솔직함
은 더 진솔하게 다가온다.

평균 이하 여섯 남자(무한도전)

바나나는 원래 하얗다(매일유업)

우리 사장님이 미쳤어요(대리점 광고 문구)

사장이 휴가 갔습니다(커피전문점 할인행사 카피)

주부님 죄송합니다. 가야당근 농장은 100퍼센트 제주도산 당근만
을 사용하다 보니 조금 비쌉니다(가야농장)

생긴 건 이래도 그럭저럭 먹을 만하다. 자기 전에 많이 먹지 마라.
이빨 썩는다. 많이 먹으면 살찐다. 먹고 운동해라(공정무역 초콜릿)

아비스Avis라는 렌트카 회사가 있다. 미국에서 렌트카업계 만년
2위였다. 어느 날 아비스는 신문광고를 대대적으로 했다. '우리는 2등
입니다'라는 신문 전면 광고였다. 그 밑에는 '그래서 우리는 더 열심
히 일합니다'라고 씌어 있다. 2등임을 솔직하게 인정하고 그래서 더
열심히 일한다는데 가슴에 와 닿지 않을 수 없다. 2등인 걸 다 아는
데 1등이라고 주장하면 그만큼 공허한 게 없다. 그런 점에서 무조건
1등이라고 우기는 지하철역 대학광고들은 전략을 다시 생각해볼 일
이다. 누구나 다 1등이 아닌 것을 아는데 1등이라고 우겨대면 광고를

보는 사람만 민망하다. 효과가 없을 뿐 아니라 '후안무치'라는 나쁜 이미지까지 얻게 된다. 언젠가 광화문대로를 지나가는데 '1등 신문 경향신문'이라는 플래카드가 붙어 있었다. 경향신문사에 다니는 선배에게 전화해서 안 좋은 전략이라고 이야기해주었다. 솔직히 말해서 1등 신문(구독률에서나 광고유치에서나)이 아닌 걸 다 아는데 1등 신문이라고 주장하는 건 곤란하다. 1등을 자부하면서 1등처럼 만들겠다는 뜻이리라. 하지만 이런 플래카드를 걸어서는 좋은 이미지로 남기 어렵다. 솔직함은 정말 진솔하게 솔직할 때 효과가 있다.

과거로 되돌아가려면 오늘부터 멈추세요(헤라)

먹지 마세요 피부에 양보하세요(스킨푸드)

여자의 신분은 피부가 말합니다(아모레퍼시픽)

당신이 사는 곳이 당신을 말해줍니다(롯데 캐슬아파트)

아침에 웃자!(보령제약)

엄청 달렸어도 굿모닝(동아제약)

달러를 신고 계십니까?(프로스펙스)

생각대로 해. 그게 정답이야(SK텔레콤)

BMW보다 벤츠보다 앞섰습니다(GM대우)

닥치고 정치(책)

비유와 상징을
사용한다

은유: A는 B다

무엇은 무엇이다. 이런 은유는 강렬하게 자신의 브랜드를 포지셔닝한
다. A하면 곧 B가 연상되니 강력한 유대가 이루어진다.

머릿결은 여자의 꼬리(엘라스틴 샴푸)

첫사랑은 용광로처럼 뜨겁기만 했다(쇼가쿠칸, 일본)

요리는 능력이다(해찬들)

촬영은 죽이지 않는 사냥이다(캐논)

생각이 에너지다(SK에너지)

직유: 무엇무엇처럼, 무엇무엇 같아서

무엇은 무엇과 같다는 표현이다.

사랑은 카스 같아서 너무 서두르면 넘치는 법이야(카스)

사랑은 카스 같아서 나도 모르게 빠져들고 말지(카스)

이름처럼 부드러운 순순(순두유)

영화처럼 사는 여자(라네즈)

늘 애인 같은 아내(드봉)

악어 같은 내 남자(라코스테)

시한폭탄과도 같은 비만(보건복지부)

사랑한다면 카페라테처럼(매일 카페라테)

산소 같은 여자(아모레 마몽드)

상징의 멋을 살린다

상징은 글을 멋스럽게 한다. 때로는 직설적인 표현보다 은근한 상징
의 멋이 더 힘을 발휘한다.

영화처럼 사는 여자(라네즈)

스위트룸에 바퀴를 달다(닛산 무라노)

머리가 설계하고 가슴이 완성했다(닛산 무라노)

대립되는 개념이 충돌해서
강렬한 임팩트를 만든다

대립되는 개념을 대구로 표현한다

대립된 개념을 활용한 워딩은 강하고 명쾌하다. 대구로 문장을 만들면 하나의 개념이었을 때보다 오래 기억된다. 대구를 잘 활용하면 재치 있는 문장을 만들 수 있다. 명언을 만드는 비결도 그 안에 있다.

누군가에겐 산이고 라푸마에겐 무대다(라푸마)

빨래, 뼈 빠지게 하지 말고 때 빠지게 하셔야죠(퍼펙트세제)

머리 좋은 사람보다 머리 많은 사람이 부럽다(탈모방지제 HF7)

두면 고물, 주면 보물(아름다운가게)

영화에서는 보실 수 없지만 현실에선 보실 수 있습니다(쉐보레/한국GM)

화성에서 온 남자, 금성에서 온 여자(책)

무엇이든 할 수 있는 자유, 아무것도 안 할 수 있는 자유(클럽메드)

칼은 흉악범이 들면 흉기가 되고, 주부가 들면 식칼이 됩니다(파스퇴르)

콩나물이 되게 하는 학습법이 있고, 콩나무가 되게 하는 학습법이 있습니다(눈높이교육)

주인이 보면 벌써 반이나 비었고, 손님이 보면 아직 반이나 남았다(시바스리갈)

장에는 불가리스, 위에는 위력(남양유업 위력)

어제는 이 땅에서 독립을 가르쳤지만, 오늘은 이 땅에서 희망을 가르칩니다(KT)

펜은 칼보다 강하다(서양 명언)

가슴의 반은 늘 열어놓는다. 그리움의 반은 늘 닫아놓는다(맥심)

네가 그냥 커피하면 이 사람은 내 TOP야(맥심)

전기는 국산이지만 원료는 수입입니다(한국전력공사)

걸어온 길은 최초의 기록이 되었고, 걸어갈 길은 최고의 기록이 될 것이다(밀레)

여자는 사랑을 운명이라고 했다. 남자는 운명 같은 사랑이라고 했다(레코드회사 폴리그램)

남이 하면 불륜, 내가 하면 로맨스

단어의 숨겨진 의미와
숨바꼭질

숨겨진 의미를 찾고 단어를 뒤집는다

늘 보던 단어라도 다시 한 번 꼼꼼히 살펴보면 그 안에 숨겨진 의미를 찾아내 새로운 워딩을 만들 수 있다. 익숙한 것을 낯설게 만드는 것이 오래 기억되는 워딩 비법이다. 익숙한 것을 익숙하게 표현하면 그저 그런 말이 되어버린다. 낯선 것을 낯설게 표현해버리면 이게 무슨 말인지 모르게 된다. 익숙한 것을 낯설게 표현할 때 재치 있는 표현이 된다. 한 단어를 반복하되 같은 단어를 뒤집어본다. 그러면 다른 의미로 만들어진다.

인생은 B(birth)와 D(death) 사이의 C(choice)다(사르트르)

같이의 가치(농협)

impossible 안의 possible

카피는 99퍼센트의 싱크(think)와 1퍼센트의 잉크(ink)로 쓰인다(헬

스테빈즈)

Nowhere/SAMSUNG DIGITAL(삼성 광고)

FAMILY(Father And Mother I Love You)(책)

걸면 걸리는 걸리버(현대전자 휴대전화)

당신은 철(Fe) 없는 여자(빈혈치료제 헤모큐)

마음껏 마실 水 없게 됩니다(광고 카피)

그 입술, 무슨 水를 쓴 거지?(에뛰드 스타일 립스 아쿠아톡스)

T만 입으면 티 나는 여자, T 입어도 티 안 나는 여자(여성 속옷 광고)

리딩으로 리드하라(책)

믿을 수 없는 세상? 믿을 水 있는 세상(대우 믿을水 정수기)

독자는 동아를 읽고, 동아는 독자를 읽고(동아일보)

Impossible is nothing(아디다스)

동음이의어의 심오함을 파헤친다

동음이의어나 중의법을 사용해 문장을 만들면 재치와 함께 심오한
의미를 함께 전할 수 있다. 뻔하고 구태의연한 표현은 힘이 없다. 뭔
가 새롭고 창의적인 표현을 찾기 위해 노력할 때 새로운 뜻이 전달된
다. 동음이의어와 중의법은 재치 있는 표현을 만들어주는 효자 아이
템이다.

도로명주소를 알려주소(안전행정부)

우리 아이는 입으로 빤다. 그래서 나는 트롬으로 빤다(LG전자트롬)

사는 것에서 사는 곳으로(장기전세주택 시프트, SH공사)

지금 자면 꿈을 꾸지만, 지금 공부하면 꿈을 이룬다(급훈)

꿈을 꾸면 꿈을 이룰 수 없다(급훈)

하고 싶은 일을 해서는 하고 싶은 일을 못한다

'모'처럼 좋은 세일(현대백화점)

미스 김! 그 안에서 사색에 빠져 있는 동안 밖에서 기다리는 나는

사색이 돼가고 있는 거 알아?(칸 요구르트)

우리는 주먹다짐합니다(대한적십자사, 헌혈 독려)

그놈이라면(라면집)

마니머거도돼지(고기집)

돈 내고 돈 먹기(돼지갈비집)

sul zip(술집)

Let eat be(음식점)

花개장터(꽃게 전문점)

결혼해 듀오(듀오)

안중근 의사는 치과 의사예요?(장원한자)

나 김문순대(순대집 간판)

　　나 김문순대는 '나 김문수 도지사입니다'로 유명한 긴급전화 119 사건을 풍자한 음식점 이름이다. 119 사건은 김문수 경기도지사가 경기도 내 119에 전화해 근무자에게 자기를 모르냐면서 질책했던 일이다. 이후 전화를 받은 소방관 두 명이 '도지사를 몰라봤다'는 이유로 좌천되었다가 논란이 일자 복귀되었다.

상반된 두 단어가 가져오는 극적인 효과

충돌되는 극적 반전

개념이 상반된 두 단어가 한 문장에서 서로 작용해 새로운 의미를 만들어낼 수 있다. 이렇게 만들어진 의미는 좀 더 극적인 효과를 낼 수 있다. 이것이 워딩의 화학작용이다. 개념이 상반된 두 단어가 화학작용을 해서 더 강렬한 의미를 만들어내는 것이다. 그렇게 되면 오래 기억되는 제목이 된다.

아름다운 구속(노래)

오래된 미래(책)

냉정과 열정 사이(영화)

작은 차, 큰 기쁨(티코)

고운 음악은 가까이, 빈혈은 멀리 해주세요(동아제약)

행복한 고민(금강제화)

추울수록 벗으세요(진도모피)

무겁다. 무겁지 않다(EOS 카메라)

make break make(현대카드)

세상에서 가장 따뜻한 아이스크림(나뚜루)

믿거나 말거나

마음은 뜨겁지만, 생각은 차가워야 했다(NEW BMW 7시리즈)

세상을 포용하면서도, 늘 고독해야 했다(NEW BMW 7시리즈)

시대를 앞서가면서도, 더 새로워야 했다(NEW BMW 7시리즈)

충돌하면 긴장된다

양립할 수 없는 것끼리 충돌시킴으로써 긴장감을 빚어낸다. 기상천외한 개념의 연결은 흥미를 유발한다.

신발 사러 약국 간다(토앤토 기능성 신발)

내 차가 더러워질까봐 우리나라에 버렸습니다(공익광고)

아내가 결혼했다(책)

반가운 살인자(영화)

세상에서 가장 이기적인 봉사여행(책)

고요하게 세상을 흔든다(벤츠 E클래스)

포효하는 아름다움(재규어)

냉철한 따뜻함(쌍용 체어맨)

철의 마음은 따뜻하다(포스코)

사진이 말하다(후지 파인픽스)

박수갈채를 받는 꼴찌가 아름답습니다(SK텔레콤)

살인의 추억(영화)

달콤 살벌한 연인(영화)

한계는 깨어지기 위해 존재한다(BMW)

태양 없이 선탠한다(썬브레이크 셀프태닝)

늘 남의 편만 들어 '남편'이라 부르나 봅니다(SK)

역설적으로 상식을 뒤집는다

상식을 이야기하면 그저 그런 이야기가 되고 만다. 해도 그만, 안 해도 그만인 이야기가 된다. 그런데 상식을 뒤집은 이야기를 하면 '어? 왜 그렇지?' 하면서 관심을 보이게 된다. 그 이후에 '그렇구나'라는 공감대가 형성되면 오래 가는 표현이 된다. 오래 기억되는 표현을 만들려면 상식을 뒤집고 논리를 뛰어넘어야 한다.

침대는 가구가 아닙니다. 과학입니다(에이스침대)

감출수록 드러나는 그녀(헤라)

처음은 아니지만 처음 뵙겠습니다(한글과컴퓨터)

이 죽일 놈의 사랑(드라마)

남들만큼 바꾸는 것은 아무것도 바꾸지 않는 것이다(포드 토러스)

하얀 어둠을 걷다(영화 「백야행」 홍보 카피)

결코 닫히지 않는 도서관(브리태니커사전)

노는 만큼 성공한다(책)

어린 아저씨(노래)

Love of the loveless(노래)

어제보다 어린 피부(DHC 화장품)

나는 치사하게 은퇴하고 싶다(책)

유럽을 여행하는 정석 따윈 없다(책)

쓰레기는 죽지 않는다. 다만 재활용될 뿐이다(공익광고협의회)

하루 30대. 더 이상 만들 수 없어 자랑스럽습니다(폭스바겐)

부정: 꼭! '무엇'이라는 것은 아니다

'무엇'이라고 주장하는 것보다 '무엇무엇'이 아니라고 주장하는 것이 때로는 더 효과적이다. 그리고 거기에는 반전의 매력이 있어야 한다. 의미 없이 부정하는 것이 아니라 반전의 매력이 있는 부정이어야 한다.

단지 마일리지가 아니다(현대카드)

따라올 수 있다면 명작이 아니다(마루망 코리아)

꼭! 사달라는 건 아니다(ABC마트)

나에게 정상은 끝이 아니다(코오롱스포츠)

여자를 유혹한 것은 남자가 아니다(CJ푸드빌 빕스)

이 차를 아반떼라고 부르는 건 아이러니다(신형 아반떼)

한 장이 아닙니다. 두 장입니다(공익광고)

가장 짜릿한 순간은 아직 오지 않았다(카스)

피부NO화(한국화장품)

MBC, KBS, SBS에 한 번도 방영되지 않은 집(음식점 간판)

    음식점이 너도나도 방송에 나왔다고 써 붙이는 것이 유행이었다. 그러다가 「트루맛쇼」가 나와서 이런 방송에 짜고 치는 고스톱이 많다는 걸 보여주었다. 그래서 이제는 별로 신뢰가 안 간다. 그러다 보니 'TV에 한 번도 안 나온 집'이라는 플래카드를 내붙인 음식점도 나왔다. 그 밑에 붙인 플래카드가 재밌다. '한 번의 모험이 믿음으로로……' 정말 우습다.

이상하다? 안 맞는 말 같은데 왠지 와 닿는다

수식어와 수식을 받는 말 사이의 부적절한 관계는 위험하지만 근사할 수 있다. 형용사와 명사 사이의 부적절한 관계로 식상함을 탈피한다. 식상하고 구태의연한 표현은 죽은 표현이다. 하나마나한 이야기가 되어버리고. 틀린 이야기는 아닌데 왠지 와 닿지 않는다.

결혼은 미친 짓이다(영화)

아프니까 청춘이다(책)

확신의 함정(책)

빛나는 어둠 속으로(만화)

소리 없는 아우성(시)

완벽함을 용서하라(폭스바겐 골프)

어울릴 수 없는 것들의 완벽한 조화(폭스바겐 골프)

얼굴 없는 미녀(영화)

무언가를 정의하고
무언가와 비교한다

무언가를 확실하게 정의한다

'무엇은 무엇이다'라고 확실하게 정의함으로써 또는 무엇과 적절히 비교함으로써 힘 있는 표현을 만들어낼 수 있다.

우리는 모두 누군가의 영웅입니다(SKT)

선의의 경쟁은 아름답다(진로)

안경은 얼굴이다(안경점)

아내는 언제나 가까운 친구(OB맥주)

사람이 미래다(두산)

당신이 행복입니다(SK)

이 세상 가장 향기로운 커피는 당신과 함께 마시는 커피입니다(맥심)

우리는 누군가의 박카스다(동아제약)

초코파이는 情이다(오리온)

대한민국 잇몸약 인사돌(동국제약)

한국인의 소화제, 가스활명수(동화약품)

ING는 당신입니다(ING생명)

비교: A는 B보다 낫다

비교할 때는 가치 없는 것과 비교하면 안 된다. 가치 있는 것과 비교해야 한다. 가치 있는 것과 비교함으로써 스스로를 더 가치 있는 것으로 만들 수 있다.

자연에 정성만을 더합니다(청정원)

주소록을 없애주세요 사랑하는 친구의 번호쯤은 욀 수 있도록

카메라를 없애주세요 사랑하는 아이의 얼굴을 두 눈에 담도록

문자기능을 없애주세요 사랑하는 사람들이 다시 긴 연애편지를 쓰도록(SKT)

전설의 홈런왕 베이브 루스도 세우지 못한 8년 연속 1등의 기록을 세우다(르노삼성자동차)

최고는 최고와 만난다(현대카드)

가구보다 아름답다(삼성전자 지펠)

아내는 여자보다 똑똑하다(삼성전자 지펠)

주름 없는 피부를 위한 첫 번째는 마음입니다. 그 다음이 아이오 페입니다(아이오페)

사랑한다면 이들처럼(드라마)

아내는 여자보다 아름답다(맥심)

서울 메트로의 라이벌은 엄마 품입니다(서울 메트로)

말없이
말한다

수묵화처럼 여백을 살린다

어릴 때는 도화지 전체를 빽빽하게 색깔로 채워야 그림을 잘 그린 건 줄 알았다. 나중에야 알았다. 여백도 그림의 일부분이라는 걸. 그것도 매우 중요한 일부분이라는 걸. 문장도 마찬가지다. 꽉 차야만 문장이 되는 것이 아니다. 때로는 여백의 미가 문장을 더 살아나게 한다. 완결되지 않은 문장으로 여백을 주면 그 의미를 다시 한 번 생각해보게 된다. 할 말을 다하지 않는 데서 오는 감성의 느낌이 있다.

당신이 잠든 사이에(영화)

다시 아침을 사랑하도록(맥도날드)

단 한 컷도 버리기 아까운(캐논 익서스)

진짜에게 진짜를(캐논 익서스)

경쟁하지 않는다. 다만 리드할 뿐(벤츠 S클래스)

승자에게 갈채를(진로)

트윈케이크가 답답한 나이라면…… 파우더만으로 불안한 나이라면……(마몽드)

If Only(영화)

집으로(영화)

나였으면(노래)

벌써 일 년(노래)

뼈 있는 한마디

상대방의 심리를 알면 **뼈** 있는 글을 쓸 수 있다.

아름다운 사람은 헤어지는 법도 아름답다(월드, 일본)

그대, 영원히 아름다워라(코리아나)

당신을 예우하는 듯한 과도한 원칙(아우디)

내 인생이 술술 풀린다(한국씨티은행)

누구도 대신할 수 없는 그 자리에 오르다(에쿠스 리무진)

흐릿하게 섞이기보다는 분명하게 구분되고 싶다(벤츠)

남자의 꿈은 작아지는 법이 없다(포드)

으뜸이라 주장하지 않고 한 발 양보한다

자신의 주장을 한 발 뒤로 양보한다

우리 집 두 번째 정수기 웰스(교원)

서울에서 두 번째로 잘하는 집(삼청동 팥죽전문점)

09

Wit Code ?

라벨링
(딱지 붙이기)

규정하기 게임

선거 캠페인이라는 게 뭘까? 여러 가지 학술적 개념 정의도 있다. 하지만 핵심을 짚는다면 간단하다. 선거 캠페인은 바로 나를 규정하고 상대방을 규정하고 선거의 의미를 규정하는 것이다. 이 규정이라는 것이 무섭다. 내가 먼저 규정하지 않고 상대가 먼저 나를 규정한다든지, 언론이 나를 규정하게 되면 진다. 내가 먼저 스스로 규정하고 상대방을 규정하고 이 선거의 의미를 규정해야 유리한 싸움을 펼칠 수 있다.

헬리스 티부와 리처드 옐치의 연구팀은 수많은 유권자를 인터뷰한 뒤 그중 무작위로 절반에게는 '당신은 평균적인 사람보다 투표와 정치적 행사에 참여할 가능성이 높은 시민'이라고 말해주고 나머지 절반에게는 '관심사나 신념, 행동 면에서 평균 수준'이라고 했다. 일주일 뒤 치러진 선거의 투표율에서 라벨이 붙은(본인이 평균적인 사람보다 나은 시민이라고 생각한) 유권자의 투표율이 15퍼센트 더 높았다.

사람들은 사건이나 상황을 기술하는 이름이나 라벨에 따라 행동하는 경향이 있다. 이것이 '라벨링'이다. 사람들이 사용하는 말과 라벨이 이 현실 세상을 정의하고 창조하기 때문이다. 현실에 대한 이 정의가 바로 우리의 사고·느낌·상상을 지배하게 되고, 그럼으로써 우리 행동에 영향을 미치게 된다.

상황을 자신에게 유리하도록 규정하는 데 성공하면 이미 반은 설득한 셈이다. 즉, 어떤 대상이나 사건을 기술할 때 라벨을 잘 이용하면 메시지 수용자는 우리가 만든 규정을 수용한다. 그럼으로써 진지하게 논쟁을 시작하기도 전에 이미 설득되고 만다. 이런 '라벨링'의 필수조건이 재치다. 재치 없는 무미건조한 라벨링은 실패한다. 라벨링 사례를 살펴보자.

재치 있는 라벨링 사례

• 무상급식 = 부자급식

무상급식에 대해서 한나라당이 무상급식을 부자급식이라고 비판한 적이 있다. 이는 저소득층과 사회적 약자보다는 부자를 위한 정책이라는 라벨을 붙인 것이다.

- 수첩공주

박근혜 대통령의 오랜 별명으로 평소 수첩에 메모하는 습관을 두고 만들어진 것이다. 이 별명은 부정적으로도, 긍정적으로도 쓰였다는 점에서 특이하다.

- 나꼼수

딴지라디오의 정치풍자 프로그램 이름이다. 반어법적으로 꼼수 부리는 정치인을 풍자했다.

- 통큰치킨

2010년 롯데마트는 프라이드치킨을 마리당 5,000원에 판매하는 '통큰치킨' 행사를 했다. 이 치킨의 가격은 일반 치킨전문점 판매가의 3분의 1 수준으로 출시 직후 높은 판매량을 보였다.

- 한강 걸레상스

2년도 되지 않은 한강 르네상스의 콘크리트 바닥이 금이 가고 부서진 처참한 모습을 비유한 말이다.

- 국산 돼지고기 '한돈'

양돈협회에서 수입산과 차별화해 국내산 돼지고기 소비를 촉진하기 위해 국산 돼지고기를 하나로 묶을 수 있는 국산 돼지고기의 새 명칭을 지정한 것이다.

• 좌빨, 수꼴

진보적 정치 성향을 지닌 사람에게는 좌빨, 보수적 정치 성향을 지닌 사람에게는 수꼴이라는 이름을 붙여 정치적 입장을 매도하고 공격한다.

• 세금폭탄

한나라당은 민주당이 내놓은 '무상정책' 시리즈에 '세금폭탄'이라는 이름을 붙여 '공짜를 가장한 복지 포퓰리즘'이라고 공격했다.

• BMW족

Bus, Metro, Walking의 앞 글자를 딴 것으로, 고유가시대에 승용차 대신 대중교통을 이용하거나 걸어다니는 현실을 표현했다.

• 베이글녀

아기(baby) 같은 귀여운 얼굴에 몸매는 글래머로 섹시함을 겸비한 여자라는 뜻으로 만들어진 말이다.

• 88만 원 세대

고용불안에 시달리는 2007년 전후 한국의 20대를 지칭한다. 비정규직 평균급여 119만 원에 20대 평균급여에 해당하는 73퍼센트를 곱한 금액이 88만 원이다. 한국의 여러 세대 중 처음으로 승자독식 게임을 받아들인 세대다.

• 죽음의 트라이앵글

2000년대 중반 한때 대학 입시에서 '죽음의 트라이앵글'이라는 말이 유행했다. 대입의 세 가지 주요 전형요소인 '내신, 대학수학능력시험, 통합교과형 논술'을 지칭하는 용어다.

• 3불정책

한국 교육정책의 축인 '본고사 부활 불가' '고교등급제 불가' '기여입학제 금지'를 말한다.

• 국민그룹, 국민여동생, 국민남동생, 국민이모 등

• 된장녀

스타벅스 커피를 즐겨 마시며 해외 명품을 선호하지만 부모나 상대 남성의 경제적 능력에 소비 활동을 대부분 의존하는 젊은 여성을 비하하는 말이다.

• 오세훈의 '5세훈' '오세이돈'

집중폭우로 서울이 이례적인 피해를 입자 당시 서울시장 오세훈을 겨냥한 무상급수 패러디가 많이 나왔다. 한 포스터는 오세훈 서울시장의 얼굴을 포세이돈 캐릭터와 합성했고 물난리가 난 서울의 한 도로가 배경이 됐다. 일명 '무상급수 패러디'로 통하는 이 포스터의 제목은 '오세이돈'이었다.

• 불통령

이명박 대통령을 가리켜 '불리하면 침묵하는 대통령'이라는 의미로 불통령이라는 별명이 떠돌았다.

• 뽀통령

「뽀로로」의 시장규모는 1조 원에 달한다. 뽀로로의 실제 경제적 가치는 시장가치와 상품수익 그리고 해외에서 벌어들이는 수익까지 어마어마하다. 아이들의 대통령이라는 의미로 '뽀통령'이라는 표현을 쓴다.

• 박원순 '협찬인생'

서울시장 선거전에서 박원순은 나경원을 '강남공주', 나경원은 박원순을 '협찬인생'이라고 서로 공격했다. 시장에 당선된 뒤 박원순은 시민에게 협찬받은 지지를 바탕으로 서울시 발전을 위해 노력하겠다고 의미를 재해석하기도 했다.

• 死대강 사업

4대강 공사가 시작된 뒤 공사에 참여한 노동자 20여 명이 목숨을 잃자 '死대강'이라는 이름이 붙여졌다. 정부의 4대강 살리기 사업의 모순됨을 死대강이라는 단어로 표현했다.

- 강부자 내각(강남의 땅부자)

이명박 대통령 취임 이후 구성된 내각이 대부분 강남의 부동산을 많이 소유하고 있어서 나온 말이다.

- 고소영 내각(고려대, 소망교회, 영남권의 준말)

이명박 정부가 주로 고려대 출신이거나 소망교회를 다니거나 영남권인 사람들로 구성되자 나온 표현이다.

국정 현안에 대한 라벨링 비교

국정 현안에 대한 여야 이름 짓기 차이를 보면 라벨링의 힘을 알 수 있다. 국정 현안에 대한 정부·여당의 표현과 야당·시민단체의 표현을 모아보았다.

- 한반도 대운하

물길 잇기, 뱃길 살리기(여)

경기부양용 토목공사(야)

- 쇠고기 수입협상

통상문제(여)

건강권문제(야)

- 공기업 정책

  공기업 개혁(여)

  공기업 민영화(야)

- 의료정책

  민영보험 활성화(여)

  의료민영화(야)

- 교육정책

  학교 자율화(여)

  학교 서열화(야)

- 신문고시

  자율경쟁 규제(여)

  불공정 시정책(야)

그 밖에 널리 알려진 광고 문구

- 여자라서 행복해요

  디오스의 이 광고 문구는 고급스러운 이미지로 포지셔닝되면서

  많은 매출을 올렸다.

• 아나바다운동

아껴쓰고 나눠쓰고 바꿔쓰고 다시쓰자는 운동.

• 미소지기

cgv에서는 직원들을 미소지기라고 부른다.

• 연아우유

매일유업을 피케스케이팅 선수 김연아가 광고하면서 생긴 매일유업의 키워드.

• Just do it!

나이키 문구와 어우러져 나이키 회사의 이미지를 간단명료하게 설명한 문구.

• 또 하나의 가족 삼성

삼성전자가 과거에 썼던 광고 문구다. 삼성이라는 브랜드와 가족을 매칭해 해당 브랜드를 좀 더 친숙하게 느껴지게 하는 효과가 있었다.

• 입대하자마자 제대하는 속도

4G의 빠른 속도를 강조하기 위해 한 이동통신사에서 사용한 표현으로 긴 시간을 짧게 단축시켰다는 메시지를 전달한다.

• Made for Women, Love for Women

미스터 피자는 여성을 주요 고객으로 하여 브랜드 슬로건을 Love for Women으로 정했다. 여성 중심 마케팅 전략을 공고히 해서 후발주자이지만 자신만의 아이덴티티를 확고히 할 수 있었다.

• GS홈쇼핑 '스토킹'

스토킹 서비스는 20~30대 여성 고객을 위한 커뮤니티 성격의 서비스다.

재미있는 이벤트, 온라인 서비스 이름

Stalker만 공짜: 각종 쿠폰·샘플 제공, 프로슈머 서비스(24H 공짜/해피 테스터)

Shopping 질러봐: 서비스 참여에 따라 지급되는 포인트로 참여할 수 있는 경매 서비스(쇼핑! S포인트 경매/뿜뿌질배틀전/Style 테마 쇼핑전)

Style이 궁금해: 패션 트렌드 콘텐츠 서비스(The look 스트리트 패션/UP!! Real style/Style magazine)

Suda토킹: 게시판 서비스(일상 수다, 정보 it 수다, Job 수다)

Surprising 이벤트: 이벤트 공지(이벤트 리스트)

S포인트 양성소: 서비스 안내(Stalker가 되는 법/S포인트 사용법)

• 코카콜라 제로(0)

코카콜라에서는 새로운 음료 '코카콜라 제로(0)'를 출시했는데 여기에는 칼로리뿐 아니라 탄수화물, 당, 단백질, 지방, 콜레스테롤 모두가 없다는 뜻이 들어 있다.

• 숨결이 닿는 거리 46cm

LG생활건강이 구취를 제거하는 '페리오 46cm'를 출시하면서 내놓은 문구다. '페리오 46cm'의 브랜드 네이밍은 사람 사이에 친밀감과 유대감이 형성되는 거리가 46cm라는 문화인류학자 에드워드 홀의 학설에서 유래했다.

• 초콜릿폰

IT업계에서 네이밍 마케팅을 통해 인기를 끈 대표 제품이 LG전자의 '초콜릿폰'이다. 초콜릿폰 이전까지 휴대폰은 영어 알파벳과 숫자로 조합된 모델명만 있었을 뿐 본격적인 브랜드명은 없었다. 특히 '통화가 잘된다' '고장이 적다' 등 품질을 강조하는 것이 일반적이었던 휴대폰업계에서 초콜릿폰은 처음으로 소비자 감성에 호소하는 브랜드명을 달고 나왔다.

• 네가 그냥 커피라면 이 사람은 내 TOP야

맥심 TOP 커피 광고에 나오는 문구다. 일반 커피와는 다른 특별함이 있다는 느낌을 준다.

• 당신에게 아이폰이 없다는 건(아이폰4 광고)

아이폰에게 '특별함'을 부여함으로써 소비를 유도하는 메시지를 담

았다.

손쉽게
재치코드 키우기

3장

재치와 위트를
키우려면

재치와 위트는 타고나는 것일까? 물론 타고나는 부분도 많을 것이다. 하지만 그런 사람들은 얼마 되지 않는다. 재치코드는 꾸준한 관심과 노력으로 갈고닦을 수 있는 능력이다.

어떤 분이 자신이 재미없는 사람이라며 유머 학원에 다니는 걸 보았다. 거기서 뭘 하시느냐고 물었더니 매일 유머를 듣고 외운다고 했다. 그러고는 거기서 배운 유머를 외워서 이야기해주는데 그렇게 썰렁할 수 없었다. 떠돌아다니는 유머를 외워서 이야기해주는 것은 재치코드를 키우는 방법이 아니다. 돈 내고 학원까지 다니면서 썰렁한 유머나 외우다니 안타까웠다.

재치코드를 키우려면 감각을 키워야 한다. 재치코드의 핵심은 허를 찌르는 반전의 묘미를 잘 이용하는 것이다. 반전에서 재치가 나온다. 반전 없이 밋밋하다면 그것은 재치도 무엇도 아니다.

2장에서 재치 있는 표현을 만들기 위한 방법을 예시와 함께 제시했다. 있는 걸 있는 그대로 표현해서는 재치와 위트가 나오지 않는다. 2장에서 제시한 방법을 활용해서 재치 있는 표현을 만들어낼 수 있다. 이제 3장에서는 일상에서 가장 쉽게 재치와 위트 감각을 키울 수 있는 방법을 소개한다. 쉽고 일상적인 방법은 무엇인가? 바로 신문기사 제목을 유심히 보는 것이다.

신문기사 제목을 보는 것만으로도 재치와 위트가 길러진다니 믿을 수 없겠지만 신문기사 제목만큼 좋은 교과서는 없다. 매일 읽는 신문기사, 그 기사 제목을 유심히 보라. 모든 감각이 그렇듯이 많이 보아야 좋은 게 무엇인지 안다. 그리고 인풋input이 많아야 자연스럽게 아웃풋output이 많아진다. 인풋 없이 하늘에서 뚝 떨어지는 아웃풋은 없다. 좋은 글을 많이 읽어봐야 좋은 글을 쓸 수 있다. 읽어본 글도 없는데 좋은 글이 나올 리 없다. 재치 감각도 마찬가지다. 재치 있는 표현을 일상에서 많이 보아야 재치 있는 표현이 나온다.

그냥 보고만 지나치면 그 감각을 자신의 감으로 축적하기 어렵다. 재미있는 표현, 절묘한 표현, 하다못해 재미있는 간판을 보더라도 꼭 메모하라. 그냥 보고 지나치는 것보다는 메모할 때 그 표현이 내 속에 더 잘 축적된다. 펜을 들어서 써볼 때 그 내용이 숙지되고 소화되는 것이다. 깨끗하게 정리해서 메모할 필요도 없다. 어디든지 쓸 곳만 있으면 급하게 휘갈겨서라도 메모한다. 적어보는 과정 자체가 내면화 과정이다.

신문기사 제목을
유심히 살펴보라

재치력을 키우기 위해서 가장 쉽고 좋은 방법, 돈 안 드는 방법은 신문기사의 제목을 유심히 보는 것이다. 매일 읽는 신문기사로 훈련이 가능하다. 신문기사를 읽고 난 다음, 이 기사 제목을 어떻게 달았는지 유심히 살펴보면 된다. 신문기사 제목은 다음 두 가지 역할을 해야 한다.

1. 기사 내용을 한 줄로 요약해야 한다.
2. 독자에게 그 기사를 읽고 싶은 마음이 들게 해야 한다.

이 두 가지를 갖추지 못하면 좋은 제목이 아니다. 1번은 비교적 쉽다. 기사 내용을 요약하는 것은 논리적 영역이다. 2번은 매력의 영역이다. 수많은 기사 중에서 이 기사를 읽고 싶은 마음이 들도록 매력적으로 제목을 뽑아야 한다. 그냥 내용만 요약하면 안 되고 읽고 싶은 마음이 들게 절묘한 표현으로 제목을 만들어야 한다.

제목은 기사 내용을 압축적으로 설명하면서도 독자의 눈길을 단번에 끌어당길 수 있어야 한다. 긴 기사 내용을 한눈에 보여주어야 한다. 그러면서도 무릎을 탁 치게 만드는 제목이어야 한다. 그러려면 재치가 있어야 한다. 신문마다, 기사마다 조금 차이는 있지만 제목의 기본이 되는 글자수는 대체로 8~12자다. 그래서 기사를 8~12자로 압축하는 제목달기 훈련, 제목 열심히 읽기 훈련은 재치력을 키우는데 도움이 된다.

제목의 기능은 내용을 요약하는 것이다. 제목만 보고도 무슨 일이 일어났는지, 무슨 변화가 있는지 알 수 있어야 한다. 그만큼 요약 기능이 강하다. 신문기사는 수백 자, 수천 자로 씌인다. 그 긴 기사를 열 자 안팎으로 요약한 것이 제목이다. 제목은 전체 기사 내용 중에서 가장 중요하고 눈길을 끄는 요소가 무엇인지를 다시 파악해서 전체 기사를 한 줄로 표현한다.

기사 제목이 매력적이려면 제목에 재치가 있어야 한다. 기사 제목에는 절묘한 표현이 많이 나온다. 운율을 효과적으로 사용하기도 한다. '정책 오리발, 부패 마당발, 사정엔 반발.' 이런 제목은 운율을 잘 사용했다. 운율을 탄 제목과 그렇지 못한 제목은 의미 파악 효과에서 큰 차이를 보인다. 운율을 제대로 탄 제목은 짧은 시간에 읽을 수 있고 의미가 확 들어온다. 운율을 제대로 타지 못한 제목은 읽는 호흡에 문제가 생긴다.

한국편집기자협회에서 발간한 『세상을 편집하라—신문편집의 이론과 실제』에는 제목을 다는 기본 원칙이 나온다.

1. 첫 줄에서 정곡을 찔러라
독자가 첫 줄만 읽고도 그 제목에 딸린 기사 내용이 무엇인지 정확히 감을 잡을 수 있어야 한다.
예: 체육시간 실종…… 2년간 수업 없는 학교 속출

2. 움직임이 있어야 한다
주어만 있고 동사가 없으면 제목으로 성립할 수 없다. 제목에 활자로 표현되었든, 표현되지 않았든 동사적 의미가 명확하게 담겨 있어야 한다. 또 동사는 피동형보다 능동형으로 쓰는 것이 좋다.
예: 서울, 숨통 트인다. 인생은 짧고 주먹은 더 짧다

3. 각 행이 독립성이 있어야 한다
한 제목이 여러 행으로 이루어져 있을 때 각 행은 각각 독립된 내용을 담아야 하며, 형태상으로도 완전히 독립된 문장이어야 한다. 하나의 사실이 반복 표현되어서는 안 되며 각 행은 다른 행에 없는 새로운 정보를 담고 있어야 한다.
예: 현지 진출업체, 수출 기업들
    선적 차질, 수금 지연 '발동동'

4. 뉴스를 담아라

제목은 어디까지나 기사에 바탕을 두고 나온다. 제목은 기사 내용을 정확히 표현해야 하며 명확한 의미를 담아야 한다. 팩트가 중요하다. 한 단계 더 나아가 기사의 어디가 가장 중요한 부분인지 정확히 짚어내는 능력이 필요하다.

5. 쉽게 표현하라

기사가 어렵더라도 제목은 이해하기 쉬워야 한다. 제목은 편집자의 지적 능력을 자랑하는 장이 아니다. 그러니 딱딱한 표현보다는 독자들이 흔히 사용하는 말을 쓰는 것이 좋다.

6. 간결하게 표현하라

신문을 훑고 지나가는 독자에게 기사를 한눈에 이해시키기 위해서 제목은 너무 길면 안 된다. 제목의 생명은 짧고 굵은 것이다. 제목 한 줄에 이것저것 많은 정보를 담겠다는 욕심은 금물이다. 자칫 독자에게 혼란만 줄 수 있기 때문이다.

7. 단어 중복을 피하라

몇 자 안 되는 제목에 똑같은 단어를 겹쳐 쓰는 것은 한 글자, 한 글자가 아쉬운 제목 구성에 낭비 요소이며 독자에게 피로와 권태감을 주게 된다. 단어가 겹치지 않더라도 의미상 중복되는 말을 사용할 때도 있다. 한편, 대구법을 활용하려고 의도적으로 단어를 중복하는 경우도 있다. '한미 시각차 이어 여야 시각차' 등은 대북관계에서 국내외적 갈등을 리듬감 있게 표현하려고 일부러 사용한 장치다.

8. 독자 입장을 고려하라
기사를 읽을 대상을 고려해 제목을 다는 것이 중요하다.

9. 감각 있게 리듬 있게
딱딱한 한자어나 명사만으로 구성된 제목은 한눈에 이해하기 힘들 뿐 아니라 제목으로서 재미도 떨어진다. 적절한 대구법이나 비유 등을 동원해 리드미컬한 제목을 만들면 독자에게 훨씬 잘 어필할 수 있다.
예: 차 없는 거리 차 넘쳐난다. 44세 투수 어깨는 팔팔

10. 기사 성격에 맞는 제목을 달아라
사실을 전달하는 기사의 경우 제목을 이성적으로 다는 것이 좋다. 감동적인 기사는 감성적으로 접근해야 한다. 심금을 울리는 기사를 스트레이트 뉴스처럼 제목을 달아버린다면 기사의 본질을 놓치는 우를 범하게 된다. 경제 기사 등 이해하기 어려운 기사는 의미를 새롭게 부여하는 것도 좋은 방법이다.
예: 354전 355기. 삼겹살보다 싼 한우

제목 킬러들의
노하우

편집기자들은 제목 한 줄을 만들어내기 위해 머리를 싸매며 고민한다. 감각의 촉수를 사방으로 뻗쳐놓는다. 단어를 조합해서 생동감 있는 메시지를 만들어내려고 노력한다. 유행어나 인기 있는 영화, 드라마 제목, 대사도 모두 제목을 위한 재료가 된다. 모든 유행어나 인기 드라마, 영화 제목은 약간 변형해서 신문기사 제목으로 쓸 수 있다. 하지만 이런 유행어가 신문기사 제목으로 변신하기까지는 편집기자들의 안목이 절대적으로 필요하다. 유행어를 그대로 갖다 쓴다고 제목이 되지는 않는다. 그것을 통해서 절묘하게 세상을 짚어내야 한다. 수많은 유행어 가운데 하나를 콕 집어내 기사 내용에 맞게 윤색과 각색을 하는 것이 쉽지 않다.

'열심히 일한 당신, 떠나라'라는 광고 카피는 여러 가지 버전으로 변형되며 유행어처럼 쓰였다.

윤창중 사건이 일어나서 온 나라가 벌집 쑤셔놓은 듯이 시끄러울 때도 여성가족부에서는 아무 일도 하지 않았다고 해서 신문기사 제목이 이렇게 나왔다. '응답하라, 조윤선.'

편집기자들은 대중오락부터 정치권의 말, 잡지, 영화, 스포츠, 음악, 미술 등 대중과 관련된 모든 분야를 꿰는 감각이 있어야 한다. 특히 방송 유행어는 제목의 좋은 재료다. 재미있는 광고 카피도 새로운 유행어가 된다. 광고는 사회의 트렌드를 만들고 문화를 창조하기 때문에 여기서도 낯익은 언어가 나온다. 제목 사냥터가 되는 것이다. 유행가나 영화의 타이틀도 그렇다.

하지만 너무 튀게 뽐내려다 기사 내용과 동떨어진 제목이 나와서도 안 된다. 톡톡 튀는 제목의 참신성과 신문기사 제목으로서의 근엄성 사이에서 줄을 잘 타야 한다.

내가 신문사에서 잠깐 기자로 일할 때 '제목 킬러'라는 별명을 가진 선배가 있었다. 그 선배가 제목을 뽑으면 제목이 기가 막히게 나왔다. 내용을 압축하는 것은 물론 재치 만점의 제목이 나와서 제목 킬러라는 별명이 붙었다. 그 선배에게 비결을 물었더니 그는 이렇게 말했다.

"별거 없어. 일단 제목으로 떠오르는 걸 마구 적어보는 거야. 한 열 개 정도? 그러고 나서 열 개 제목에 들어간 단어들을 조합해서 다시 다섯 개 정도를 만드는 거야. 그리고 좀 쉬다가 와서 다시 다섯 개에 들어간 단어들을 조합해서 두 개 정도를 만들어. 그러다 보면 이거다 싶은 제목이 나와."

그때부터 나도 제목을 정할 일이 있으면 그 선배의 방법을 따라 했다. 상당히 좋은 제목들을 뽑아낼 수 있었다.

신문기사 제목은 편집기자들이 고심해서 뽑아낸 것들이다. 그래서 제목을 유심히 보는 것만으로도 재치 있는 표현력을 기를 수 있다. 한국편집기자협회의 자문교수 일을 몇 년 했다. 그러면서 해마다 '올해의 편집상'을 심사했다. 신문사 편집기자들이 제목상과 레이아웃상을 받기 위해 보내온 수많은 작품 속에서 가장 뛰어난 제목과 레이아웃을 뽑았다. 그러면서 재치 넘치는 제목을 많이 보았다.

애플의 아이팟, 아이폰 등이 등장하면서 소니의 매출이 하강세를 그렸다. 이런 기사의 제목을 있는 그대로 쓰면 '소니, 매출 부진'이 될 것이다. 하지만 이런 제목은 재미가 없다. 제목이 틀린 것은 아니지만 무미건조하다. 특별히 매력 있는 제목이 아니어서 특별히 관심 있는 사람이 아니면 별로 읽고 싶은 제목이 아니다. 자, 그러면 제목을 어떻게 달아야 할까? 조선일보 경제면에서는 이 제목을 '소니, 우니?'라고 뽑았다. 사무라이가 눈물을 흘리는 일러스트레이션과 함께. 이건 정말 멋진 제목이 되었다.

　　멋진 제목이 또 있다. 2007년 대통령선거를 앞두고 대통령후보로 손꼽히던 사람이 고건 전 총리였다. 서울시장도 지냈고 국무총리도 지냈으니 대통령후보로 일찌감치 점쳐졌다. 기자와 교수들이 뽑은 최고의 대통령감으로 언급되기도 했다. 17대 대통령선거는 예측불허 상황이었고, 고건 전 총리는 높은 지지율로 유력 대선주자의 한 사람이었다. 그러던 어느 날 그가 불출마선언을 했다. 단연 모든 신문의 1면 톱기사였다. 그리고 모든 신문의 제목이 '고건, 불출마 선언'이었다. 그런데 동아일보만 달랐다. '高, 스톱.' 한눈에 쏙 들어오는 재치 있는 제목이었다. 고건 전 총리의 대선 불출마 전격 선언을 극단적으로 압축한 제목이다. 대선 고스톱판을 떠올리게 하는 이 제목은 화투판에서 쓰는 용어를 비틀어서 정치판의 상황을 예리하게 표현했다. 단 석 자로 승부를 건 순발력과 언어 감각을 보여주었다. 이 제목은 2007년 편집기자협회 '한국편집상 대상'을 받았다.

　　스티브 잡스의 죽음을 애도하는 1면 기사 '잡스, iSad'가 눈에 띈다. 예전에 「개그콘서트」의 코너 '이 기적인 특허소'에서는 갤럭시와 아이폰이 대결했다. 그때 아이폰은 '아이쁘'라고 불렸다. '아이쁘가 없다는 건, 이쁘지 않다는 것' 하면서 아이폰 광고를 패러디했다. 갤럭시는 '갣역시'라고 불렸다. '난역시'가 아니라 '갣역시'였다.

'살려달란 마리오 어떡하란 마리오.' 운율을 맞춘 재치 있는 제목이다. 운율을 맞추는 건 글자수만 맞추는 것과 다르다. 글자수만 맞추면 표어가 된다고 생각하는 공무원식 표어가 아니라 재치 있게 운율을 맞추는 제목이 나와야 한다.

1 감성적인 제목과 일러스트레이션이 돋보인 9·11 테러에 관한 편집
2 '반토막 난 주식, 두토막 난 가정.' 글자수와 운율을 맞추었다.

1 '애드리브도 각본'이라는 문구가 의외성을 살린다. 상반되는 단어를 연결해도 좋은 제목을 만들 수 있다. 뻔한 제목에서 탈피해 의외로 쉽게 재치 있는 문구를 만드는 방법이다.

2 '해피 엔딩? 새드 엔딩? 네버 엔딩?' 타블로의 학력위조 의혹을 다룬 빼어난 제목이다.

"거품 곧 붕괴" 거품 문 정부

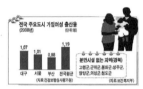

신생아는 안울고
산부인과가 운다

저출산 지속 영향 대구 상당수 경영위기

지속된 출산율 저하로 대구지역 상당수 산부인과 병·의원들이 경영위기에 직면했다. 일부 의원의 경우 위기 탈출을 위해 피부과나 피부클리닉, 불임환자 치료 등으로 업종전환을 서두르고 있다. 경북지역 일부 지자체에서는 분만시설이 한 곳도 없어 산모들이 원정출산해야 하는 상황으로 내몰리고 있다.

◆분만할 아기가 없다

4월 건강보험심사평가원에 따르면, 2008년 기준 대구지역에서 개업한 지 5년 이상된 산부인과 병·의원 67곳 가운데 86%인 58곳이 단 한 번도 분만시술을 한 적이 없는 것으로 나타났다. 이같은 무분만 산부인과 비율은 전국에서 가장 높은 수치다.

지난해 10월, 보건복지부가 나라당 손숙미 의원에게 제출한 국정감사 자료에 따르면, 2009년 6월 기준 분만 가능한 산부인과 비율이 가장 낮은 지역은 대구였다. 대구는 130개 산부인과 중 36개(27.7%)만이 분만상을 갖추고 있다. 이어 서울 38.4%, 제주 38.7%, 부산 43% 순이었다.

이처럼 분만 의원 및 분만시설 비율이 적은 것은 출산율과 맞물려 있다. 동북지방통계청이 발표한 자료에 따르면, 2008년 대구지역 여성의 합계출산율(가임여성 1명이 낳을 것으로 예상되는 평균 출생아수)은 2007년보다 0.06명 줄어든 1.07명으로 조사됐다. 이는 전국 평균인 1.19명보다 0.12명 적은 것으로, 전국 16개 시·도 가운데 부산(0.98명)과 서울(1.01

전국 주요도시 가임여성 출산율
(2008년)   (단위:명)

1.07 1.01 0.96 1.19
대구   서울   부산   전국평균
(자료:건강보험심사평가원)

분만시설 없는 지역(경북)
고령군·군위군·봉화군·성주군·
영양군·의성군·청도군
(자료:보건복지부)

개업 5년이상 86%가 분만시술 한번도 못해
피부클리닉·불임치료 등으로 업종전환 추진
경북 7개 기초단체는 분만시설 아예 없기도

명)에 이어 세 번째로 낮은 수치다.

◆산부인과 전공바꿔 위기 탈출 노력

일부 산부인과는 산모가 줄어들자 비만 관리나 탈모, 미용·피부 클리닉 등으로 전환, 경영 위기 탈출을 꾀하고 있다. 최근 불임환자 치료나 여성 요실금으로 전공과목을 바꾸는 의원들도 늘어나고 있다. 일부 여성전문병원은 소아청소년·갑상선·유방 전문의를 영입하는 등 전공 과목을 다양화하고 있다.

대구 A산부인과의원 관계자는 "분만을 하려는 산모가 많지 않은 데다 수가도 낮고, 의료사고 위험성이 높아 올해부터 비만 진료에 집중하려고 한다"고 밝혔다.

◆경북 7개 군 분만시설 없어 원정출산해야

경북지역 23개 시·군 가운데 7개 자치단체에는 분만시설이 하나도 없다. 경북도는 이곳에 공중보건의 배치를 통해 분만을 지원하고 있지만 역부족이다. 이 때문에 이들 지역 산모들은 분만시설을 갖춘 인근 지역 산부인과를 찾아 원정출산을 해야 할 실정이다.

김모씨(여·34)는 지난해 가을 산부인과가 있는 인근 지역을 찾아가다 결국 급급차 안에서 아이를 출산했다. 김씨는 "내가 사는 지역에 산부인과가 없어 7개월 동안 한 시간 이상 거리에 있는 대구로 진찰을 받으러 다녔다"고 말했다.

유선태기자 yousf@yeongnam.com

---

1 참여정부 때 집값의 거품을 빼겠다고 거품 문 정부를 이렇게 표현했다.
2 '신생아는 안울고 산부인과가 운다.' 저출산 때문에 산부인과가 힘들다는 기사다.

소주 '순한맛'에 전통주 '죽을맛' 1

저도수경쟁에 국순당·배상면주가등 수익성 '뚝뚝'

국순당, 2분기 15억 적자

인수위 '향응 먼저 인수' 파문 2

자문위원 9명, 인천시 장어요리 접대에 선물까지 받아

인수위원 2명 사임

제17대 대통령직 인수위원회 관계자 9명이 인천시 관계자 등으로부터 고가의 요리와 지역 특산품을 제공받은 것으로 18일 드러나 파문이 일고 있다. 앞서 인수위 자문위원이던 고종완 RE멤버스 대표가 자문위원 자격을 이용해 고액상담을 했다가 해임된 데 이어 또 한번 인수위의 도덕성을 둘러싼 논란이 불가피해 보인다.

자문위원 등 인수위 관계자 9명은 지난 15일 낮 관련 분야 교수 등 지인 23명과 함께 강화도의 한 유명 장어집에서 4인 기준 16만원 상당의 장어요리를 대접받았다. 인수위 관계자 중에는 태스크포스(TF) 팀장도 포함돼 있었다. 인수위 관계자 9명을 포함한 이들 일행 32명은 15일 서울 롯데백화점 앞에서 인천시가 제공한 비스로 이동, 강화도 음식점에서 오후 1~2시 식사를 했다. 이날 식사대금은 총 189만원으로, 인천시에 관여하고 있는 P교수가 인천시 법인카드로 낸 것으로 확인됐다.

당초 P교수는 자신의 개인 신용카드로 식사값을 계산하려 했으나 한도초과로 나오자 인천시 법인카드로 결제했고 다음날 자신이 소속된 학회 카드로 정산했다고 인수위 측은 밝혔다.

한편 강화군측은 접대 후 서울로 돌아가는 일행 32명 전원에게 지역 특산품인 약쑥환을 선물로 전달했다. 당시 식사에 참석한 인수위 관계자는 "인천 출신 자문위원이 사는 것으로 알고 갔을 뿐"이라고 해명했다.

우상호 통합민주당 대변인은 이날 논평을 통해 "인수위원들은 강화도에 있는 장어집에 무엇을 인수하러 갔느냐"며 "정권이 출범하기도 전에 인수위가 대낮부터 술판을 벌이는 등 정권 말기적 형태를 보이고 있다"고 비판했다.

한편 강화도 장어집 접대향응과 관련, 허증수 기후변화·에너지TF 팀장과 박창호 비상근 자문위원은 도의적 책임을 지고 사표를 제출했다. 이경숙 인수위원장은 이에 대해 즉각 사표를 수리했다.

박정하 인수위 부대변인은 "박 자문위원은 본인이 일을 진행시킨 책임이 있고, 허증수 팀장은 사안을 모르고 있었지만 팀장으로서 도의적 책임 때문에 사의를 표명했다"고 설명했다. 그는 "나머지 인수위 관계자 7명은 박 자문위원이 개인적으로 만든 자리로 알고 갔기 때문에 사의는 지나치다고 판단했다"고 덧붙였다.

이상배 기자 ppark@

1 소주 '순한맛'에 전통주는 '죽을맛'. 이것도 대구를 잘 맞췄다.
2 인수위 '향응 먼저 인수' 파문. '인수'라는 단어의 긍정적·부정적 방향을 재치 있게 살렸다.

기사 제목
:핵심을 압축하면서 독자에게 읽고 싶은 마음이 들게 해야

뉴스 제목의 세 가지 유형

동아일보 편집부 김용길 기자가 『주간동아』에 연재한 글을 보면 제목
의 원칙을 잘 알 수 있다. 재치 있고 매력 있는 제목을 만드는 원칙이
다. 김용길 기자에 따르면, 뉴스 제목은 크게 세 가지 유형으로 나눌
수 있다.

첫째, 독자 시선을 붙드는 형(유혹형). 자극적인 키워드를 내세워 독
자의 궁금증을 최대한 유발한다. 흔히 '낚시 제목'이라고 한다. 품질
이 낮고 기사 완성도가 떨어지는 인터넷 연예기사에서 남발하는 유
형이다. 방문자 수를 늘리려는 상업적 의도가 엿보인다.

둘째, 내용을 압축하는 형(요약형). 편집자가 가장 많이 활용하는
유형이다. 주로 주어+서술어 형식이다. 뉴스 주인공이 무슨 행동을

했다는 한 문장이 기본 구조다. '한국 무역 규모 3년 내 세계 5위로'
가 그 예다. 편집자의 인위적 표현이 개입하지 않는다. 살인사건이 벌
어졌다면 육하 원칙에 따라 살인 용의자가 누구인지, 피해자가 누구
인지, 살인 동기가 무엇인지, 살인 방식이 어떤지, 살해 장소가 어디
인지, 살해 시간이 언제인지를 기사에서 따져보고 핵심 궁금증을 헤
드라인으로 올린다. 요약형 헤드라인은 과다한 정보 노출을 자제하
고 여운을 남길 줄 알아야 한다.

셋째, 본질을 내거는 형(화두형). 차이콥스키 콩쿠르에서 한국의 차
세대 음악가 5명이 각 부문 상위권을 휩쓴 기사의 헤드라인을 팩트
요약형 제목으로 갈무리할 수 있지만 '차이콥스키가 놀랐다'처럼 화
두 제시형으로 갈 수도 있다. 굵고 짧은 메타포 헤드라인은 독자에게
상쾌함을 느끼게 한다. 또 전체 기사를 읽게끔 이끌고 매체 품격도
높인다. 진지한 올드미디어인 신문제목이 갈 길이다. 화두형 제목은
말을 많이 하지 않아야 한다. 기사 읽기의 실마리를 제시하면서도 거
기에 기사의 문제의식, 시대의식, 주제의식까지 담으면 금상첨화다.

뉴스 제목의 세 가지 조건

김용길 기자가 말하는 제목의 세 가지 조건은 다음과 같다.

첫째, 본질을 드러내는 키워드를 찾아라. 기사 주인공이 정해지면
맛깔스러운 별명을 붙여라. 바로 비유의 메이크업이다. 롯데 자이언
츠는 '부산갈매기'고 SK와이번스는 '연안부두'다. 선거전도 상대편에

게 낙인찍는 과정이다. 그래서 '협찬인생 박원순' '강남공주 나경원'이라는 별명을 서로에게 난사했다.

둘째, 살아 있는 움직임을 담아라. 방어했다는 표현보다 공격했다는 표현이 눈길을 끈다. '바뀐다'보다 '바꿨다'가 좋다. 모든 제목은 주어+서술어 구조다. 주인공이 무엇을 어떻게, 왜 했는지 분명히 하라.

셋째, 짧고 독특하게 달아라. 신문 머리기사는 10여 자를 넘지 않는다. 텔레비전 뉴스 자막도 12자 이내다. 헤드라인은 굵고 짧을수록 힘이 강하다. 따라서 한 줄에 한 가지 정보만 담아야 한다. 의미를 많이 담으려고 과욕을 부리면 애매해진다. 수해 현장에 나타난 대통령이 '사태수습에 만전을 기하라.'라고 말한 것과 같은 추상적인 머리기사는 하나마나한 얘기다. '착한 사람은 역시 행복하다.'는 식의 뜬구름 잡는 말도 안 된다. 정곡을 콕 찔러라.

40쪽짜리 종합일간지를 보면 평균 120~150여 개의 크고 작은 기사가 실린다. 독자들은 이 모든 기사를 열람할 시간이 없다. 대부분 '머리기사 소비자'일 뿐이다. 페이지를 넘기면서 눈에 띄는 제목만 일별한다. 제목 독자를 위해 뉴스 편집자는 한 줄 제목에 뉴스 가치를 압축하려고 머리를 싸맨다. 한 줄 머리기사가 저널리즘 기능을 충분히 수행하도록 문장을 다듬고 추리고 덜어낸다. 단어 하나의 품격으로 뉴스의 품격이 달라진다. 뉴스 제목은 그 자체로 하나의 요약된 기사여야 한다. 즉, 기사 전체를 서술하는 완전한 문장이어야 한다. 그러면서 가장 짧은 문장이어야 한다. 편집기자가 생산한 뉴스 머리기사는 정보 전달, 뉴스 가치, 보도철학을 품는다.

재치만발 신문기사 제목

- 육아휴직? 육아해직!(동아일보, 2009. 03. 05)

- 사이버 전쟁, 의병만 있고 관군은 없었다(한국일보, 2009. 07. 11)

- 속옷, 보여주고 싶은 '비밀'(중앙일보, 2009. 05. 02)

- 기름띠를 이기는 인간띠(경향신문, 2007. 12. 16)

- 5분 만에 골 터지고…… 85분 동안 속 터지고……(동아일보, 2008. 09. 06)

- 飛정규직, 챩정규직, 챠정규직(머니투데이, 2007. 06. 21)

- 손잡았던 후보들 '孫만 잡았다'(중부일보, 2007. 08. 20)

- 낙뢰방지업체 '벼락특수'(한국경제, 2007. 08. 06)

- 잡스, 천국에 로그인(동아일보, 2011. 11. 07)
  디지털시대의 아이콘 스티브 잡스의 타계 소식 비유

• 금융막장······ 그날 밤, 그들은 사악했다(조선일보, 2011. 04. 26)

부실 저축은행 임직원은 영업정지 전날 밤, 자신과 관련 있는 계좌에서 예금을 사전 인출했다. 금융계 신뢰 추락을 단적으로 표현한 제목

• 그날 경찰은 조폭이 무서웠다(조선일보, 2011. 10. 25)

치안담당 경찰관의 무력함을 보여준다.

• 멜로가 별로다(동아일보, 2011. 10. 25)

최근 한국 멜로영화가 줄줄이 흥행에 실패했다. 단어 각운을 맞춰 헤드라인을 여섯 자로 압축했다.

• 질소를 샀더니 과자가 덤? 환경부 과대포장 개선 적극 추진(공감코리아 대한민국 정책포털, 2012. 03. 02)

과자보다 질소가 더 많이 들어간 과대포장을 환경부가 개선하기로 했다는 기사

• '막말' 정치의 '막판'(아시아투데이, 2012. 04. 09)

4·11 국회의원 선거를 앞두고 막말을 내뱉는 정치인들을 비판하는 기사

• 총과 펜과 혀보다 중요한 표(중앙일보, 2012. 04. 09)

유권자의 한 표가 소중함을 강조한 제목

• 예산은 없는데…… '장밋빛 복지공약' 카드 막 긁는 여야(중앙일보,
2012. 03. 28)

총선과 대선을 앞두고 경쟁적으로 복지공약을 내거는 새누리당과
민주통합당 비판

• Rape Flower…… 유채꽃 축제가 꽃 강간 축제?(조선일보, 2012. 04. 08)

유채꽃 축제를 사례로 들며 지자체의 영문법 표기 지적

• USB 들고 집 아닌 교무실로 간 외고 '전교 1등'(조선일보, 2012. 04. 09)

시험 스트레스로 범죄를 저지르게 된 전교 1등 이야기

• 최효종은 반짝스타? 애매합니다~잉(조선일보, 2012. 04. 09)

「개그콘서트」의 정치 풍자 프로그램 '사마귀 유치원'과 고소 논란
으로 급부상했던 개그맨 최효종이 요즘은 그 인기가 주춤하다는
기사

• 봄·봄 봄처녀…… 붐·붐 야구 붐(조선일보, 2012. 04. 09)

프로야구는 4년 연속 개막전 만원사례를 기록하는 등 개막 2연전
에 17만 5,119명이 야구장을 찾았다는 기사

• 어, 어 했는데 와, 와…… 찬호 10승 본색(서울신문, 2012. 04. 14)
박찬호의 '국민투수' 활약 보도

• 경찰, 죽음 앞둔 女 절규 들으며 한가하게…… 충격(2012. 04. 09)
우웬춘 씨에게 납치 살해당한 피해자 A씨의 휴대전화는 112신고
센터와 7분 36초 동안이나 연결됐지만 경찰은 철저한 무능과 안
일로 A씨의 생명을 구하지 못했다. 112센터 직원들은 "아는 사람
인데…… 남자 목소리가 계속 들리는데…… 부부싸움 같은데."라
며 한가하게 대화를 나누며 신속한 조치를 취하지 않았다.

• 천사인가 노예인가~ '과하게 착한 남친들' 논란(2012. 04. 09)
천사 같은 남친 혹은 노예 같은 남친이라는 평가를 받는 남자들
에 대한 기사. 이 남자들의 공통점은 상대 여성을 '상전 또는 주인'
으로 받든다는 것이다. 택시를 기다리는 한밤중, 인간 의자로 분
해 여친을 편안하게 모시기도 하고, 작은 개울을 건너는 여친을
위해 '인간 다리'가 되기도 하는 식이다.

• 눈물 없이는 볼 수 없는 선거운동?(경향신문, 2012. 04. 09)
선거가 다가오면서 후보들이 마음이 급해져 눈물로 호소하거나
큰절을 하는 등 매달리기식으로 선거 홍보하는 것을 비꼰 기사

• 4·11 총선 최대변수 '세대전쟁': 자판기세대 vs 에스프레소 세대(한겨레신문, 2012. 04. 06)

젊은 세대의 투표율과 기성 세대의 투표율에 따라 각 당의 승패가 정해진다는 것을 빗대어 표현

• 오타까지 같네…… 논문을 복사기에 문대썽?(한겨레신문, 2012. 03. 28)

새누리당의 젊은 피로 총선 공천을 받은 전직 태권도선수 출신 문대성 후보가 발표한 논문이 표절 정도가 아니라 아예 복사한 듯이 똑같다는 사실을 비꼰 기사

• 악재 겹친 본죽 '뒤죽박죽'(이데일리, 2012. 04. 09)

죽 전문 프랜차이즈 본죽의 악재에 관한 기사. 일부 가맹점이 식재료를 다시 사용한다는 제보로 소비자의 불만을 폭발시켰다.

• 금융계, 비올 때 우산 빼앗는 관행 끊어야(동아일보, 2012. 03. 08)

경제가 좋지 않은 상황을 비가 오는 것으로, 금융기관이 대출을 회수하는 상황을 우산을 빼앗는 관행으로 비유했다.

• "MB씨야, MBC야?" 이래도 괜찮을까?(조선일보, 2012. 04. 09)

「개그콘서트」의 코너인 '용감한 녀석들'에서는 "높은 곳에 계신 MB씨야, 아니면 여의도에 있는 MBC를 말하는 거야?"라고 하는 등 대통령을 소재로 한 강도 높은 풍자를 했다.

• 씨암탉 잡던 장모 이제 사위 잡는다(한겨레신문, 2012. 04. 06)

결혼 남성 10명 중 3명 남짓이 장모와 갈등을 겪는 것으로 조사되었다고 한다. 이는 장모의 지나친 간섭 때문이라는 의견이 56퍼센트로 가장 높았다.

• 이 모두를 납득시켜버린 '납뜩이'(한겨레신문, 2012. 04. 04)

영화 「건축학개론」에서 연애코치 친구로 등장해 맛깔스러운 감초 역할을 해낸 배우 조정석에 대한 기사

• 소셜테이너 사찰은 '정치의 멘붕' 예고편(한겨레신문, 2012. 04. 06)

social+entertainer를 합성한 단어 소셜테이너의 개념과 이 개념의 의미 설명

• '감수성'된 '동부 산성'(한겨레신문, 2012. 04. 05)

프로농구에서 동부가 지속적으로 패하는 이유를 분석하는 기사

• 선거법은 '재갈'법이 아니다(한겨레신문, 2012. 04. 06)

『리트윗의 자유를 허하라』라는 책에 대한 소개 기사. 최근 선거를 둘러싼 논쟁을 들여다보면서 선거법과 민주주의 문제를 이야기

• 입에서 나온다고 다 말 되는 줄 아는 사람들(중앙일보, 2012. 04. 09)

한국 사회가 '막말 전성시대'에 접어든 형국이다. 국회의원에서부

터 막말녀, 진상남, 심지어 텔레비전에 나오는 연예인까지 막말하는 캐릭터를 접하는 것은 어렵지 않다.

• 젊은 층 일부 여전히 '용민 어천가'(문화일보, 2012. 04. 09)

김용민 후보의 막말이 논란이 되는 반면 젊은 층이 그를 무조건적으로 지지하고 있다는 내용

• 내 일 없이 내일 없다(중앙일보, 2012. 01. 02)

2011년 서울시장 보궐선거에서 확인된 2030세대의 정치적 폭발력은 일자리 불안에서 비롯된다. 청년층의 고민을 제대로 알아주지 못하는 정치권에 대한 청년들의 불신에 대한 기사

• 가짜 박사女의 Kiss & Tell(동아일보, 2011. 03. 28)

신정아의 베스트셀러 『4001』에 대한 논평. '키스 앤드 텔'은 매력 있는 여성이 사회적 명사들에게 접근해 성적 관계를 가진 뒤 배신하고 황색 신문에 폭로하거나 책으로 출판해 수익금을 챙기는 행태를 의미하는 단어

• '키스방'과의 입맞춤은 세균과의 '키스'(문화일보, 2011. 03. 28)

유사 성매매 업소인 키스방의 실태 고발

• 오빠 믿지? 통금까지 필요하니?(한국일보, 2011. 03. 28)

사생활 침해 고발까지 당해서 앱 시장에서 퇴출된 '오빠 믿지' 어플이 시즌 2로 돌아왔다는 내용. 통금 알람과 데이트 10분 전 알람 등이 추가되었다고 한다.

• 국민연금 독배 드는 베이비부머들(중앙일보, 2011. 03. 28)

1955~1963년생이 해당하는 베이비부머층이 은퇴하기 시작하면서 딱히 소득원이 없자 조기 노령연금을 신청하고 있다. 조기 노령연금을 신청하게 되면 남자의 경우 12퍼센트, 여자의 경우 16퍼센트 정도 손해를 입게 된다. 하지만 다른 생계수단이 없기 때문에 연금 수령을 선택하게 된다. 일부에서는 조기 노령연금 제도가 퇴직자들의 근로동기를 떨어뜨리고 노후생활에 손해를 끼치는 독배라는 주장도 나오고 있다.

• "「위기의 주부들」 없습네까" 미드에 빠진 평양 여성들(조선일보, 2011. 03. 28)

최근 북한 내에서 남한 문화와 서구 문화에 대한 관심이 폭발적으로 커지고 있다. 심지어 북한의 한 여성은 외교관 활동을 마치고 귀국하는 지인에게 미국 드라마 「위기의 주부들」 DVD를 사달라고 부탁했다고 한다.

• 김건모의 손이 떨리자 시청자는 흔들렸다(한겨레신문, 2011. 03. 28)

논란이 된 「우리들의 일밤」 '나는 가수다' 프로그램에서 김건모에 대한 동정론이 강하게 일고 있다는 기사

• '쿨'한 며느리 '쿨'한 척하는 시어머니(주간동아, 2011. 03. 28)

새로운 고부간 갈등 양상이나 그렇게 된 이유를 설명

• 술 권하는 봄…… 쉬 탈나는 간…… '멋모르면 병'(동아일보, 2011. 03. 28)

대학교 신입생 환영, 직장에서의 회식 등으로 환자가 늘어나고 있다는 기사

• 5만 원권 다 어디 갔어!(조선일보, 2011. 03. 23)

한국은행이 "5만 원권이 발행된 후 1년 9개월 만에 시중에 1만 원권보다 더 많은 액수가 유통되고 있다"는 보도자료를 내보냈다. 이에 대해 강한 의구심을 제기하는 여론이 커졌으며, 한국은행이 어떤 대응을 했는지를 전하는 기사

• 휴대전화 요금도 '다이어트'하세요(조선일보, 2011. 03. 09)

통신사별로 어떤 휴대전화 요금제가 있는지 정보 제공

• 네가 쓰던 아이패드 1, 나한테 팔아줄래?(조선일보, 2011. 03. 08)

애플이 신형 아이패드 2를 출시하고 나서 신형 아이패드를 사려는 애플 마니아들이 중고 아이패드 1을 매물로 내놓으면서 저가에 아이패드 1을 사려는 수요가 많아지는 현상 소개

• 신정아와 정운찬의 같은 밤 다른 잠자리(kns뉴스통신, 2011. 03. 24)

신정아의 자서전 출간 이후 신정아는 여유로운 나날을 보내는 반면 정운찬은 곤욕을 치르고 있다는 내용

• 인턴교사, 최선입니까?(경향신문, 2011. 03. 21)

인턴교사제 폐지 촉구 기사

• 삐뚤어진 '명품사랑' 사라지지 않는 '짝퉁 대한민국'(뉴시스, 2011. 03. 28)

• 입학사정관제 우물에 독 타기(한겨레신문, 2011. 03. 25)

한국대학교육협의회가 대학들의 입학사정관제 위반에 대해 뒤늦게 감독했고, 위반 대학에 대해서도 솜방망이 처벌을 했다는 기사

• '빚'나는 대학 졸업장(영남신문, 2011. 02. 22)

경기 불황으로 취업하지 못한 대학 졸업생들이 재학시절 대출한 등록금까지 갚아야 하는 이중고 보도

• 회사는 '허리띠' 조이고, 노조는 '머리띠' 조이고(헤럴드경제, 2008.
06. 23)

국내 완성차 업체들이 경영위기를 극복하기 위해 원가절감 등에
나선 반면 금속노조의 핵심축인 각사 자동차노조는 파업에 나선
극명한 대립에 관한 기사

• 한나라당, 이번에도 '천당 아래 분당?'(한겨레신문, 2011. 03. 27)

과거 경기도 분당이 한나라당에 우호적인 지역으로 손꼽혔으나
한나라당이 기존의 후보군만으론 손학규 대표에 맞서 승리하기가
쉽지 않은 현실 분석

• '야동'초등학교를 아시나요?(YAHOO뉴스, 2011. 03. 28)

특이한 이름 때문에 곤욕을 치르는 마을 이름에 대해 다뤘다. 이
날 보도된 야동초등학교는 충북 충주시 소재 학교로 지명에 따
라 '대장간 야'자와 '고을 동'자를 써서 이름 지어진 학교다. 하지만
시대 변화에 따라 야동이라는 이름 때문에 곤욕을 치르게 됐고
결국 교명 표기를 한자어로 바꾼 것으로 알려졌다.

• 빼앗긴 식탁에 봄은 안 왔다(한국일보, 2011. 03. 17)

이상한파로 달래, 쑥, 돌나물, 주꾸미 등 봄철 음식의 공급량이
줄면서 가격이 크게 올랐다는 기사

• 집나간 'MMF 자금' 언제 돌아올까(한국일보, 2011. 02. 28)

대표적인 초단기 금융상품인 머니마켓펀드MMF로 돈이 들어오지 않고 있다. 왜 자금이 줄어드는지, 언제쯤 자금이 돌아올지에 관한 기사

• 빨리 가면 받고 늦게 가면 못 받고 저축은행이 로또냐(경향신문, 2011. 02. 21)

영업정지를 받은 저축은행이 늘어나면서 뱅크런 사태가 확산되었다. 오전부터 예금을 인출하려는 사람들이 많아서 기다리다 오후에 돈을 인출하지 못하는 상황이 벌어졌다는 기사

• 스마트폰 때문에…… 通신비? 痛신비!(경향신문, 2011. 03. 01)

이동전화 요금의 지출이 급증하면서 통신비가 痛신비가 되었음을 말하는 기사

• 아이유 팬사인회 현장, '아이휴~' 완전 난리(경향신문, 2011. 03. 25)

아이유가 팬사인회를 했는데, 행사 시작 3시간 전부터 몰려든 1,000여 명의 팬으로 행사장 주변 일대가 마비되었다는 기사

• 비 올 땐 내가 우사인 볼트(뉴시스, 2011. 03. 28)

시민들이 비를 피해 모자를 쓰고 달려가는 사진 캡션

• 신정아 "오늘은 수감번호 4001과 헤어지는 날"(동아일보. 2011. 03. 22)

신정아가 자전 에세이 『4001』 출간간담회를 열었다. 이 제목에서 4001과 헤어진다는 의미는 석방되었다는 의미가 아니라 에세이를 발표해서 자신의 손에서 떠났다는 의미로 받아들일 수 있다.

• 방통위 공무원들, 영혼 단단히 붙잡으세요(오마이뉴스, 2011. 03. 25)

임기를 마치는 이경자 방송통신위원장이 이렇게 뼈 있는 말을 남겼다. 그동안 방통위가 철저히 최시중 위원장 중심으로 돌아갔음을 비판하는 기사

20대는 '굶모닝'
아침결식 '최대'… 국민 20% 영양불균형

우리 국민의 20%는 영양소를 과잉 섭취하거나 권장 기준에 못미치게 섭취하는 것으로 나타났다.

보건복지부의 2005년 국민건강영양조사 분석결과에 국민 11. 4%가 영양소 섭취량이 부족한 것으로 조사됐으며, 성별로는 남자(9. 4%)보다 여자(13. 5%)의 영양소 섭취량이 더 부족했다.

연령대 별로는 13~19세가 17. 8%로 가장 높았으며 이어 20~29세 15. 0%, 65세 이상 14. 7%, 50~64세 10. 1% 등의 순이었다.

반면 영양소 과잉 섭취 비율은 7~12세가 10. 1%로 가장 많았고 이어 20대 8. 8%, 1~2세 8. 5%, 30~49세 6. 7%, 13~19세 6. 4% 등이었다.

국민 1인당 1일 평균 에너지 섭취량은 2016. 3kcal이었으며, 영양소 섭취량은 단백질 75. 8g, 지방 46. 0g, 탄수화물 306. 5g이었다. 특히 1998년 처음 영양조사 실시 이후 처음으로 지방의 에너지 점유율이 20%를 넘어섰다.

아침을 먹지 않는 연령층은 20대가 38%로 가장 높게 나타났으며, 이어 13~19세 23%, 30~49세 17. 2% 등이 있으며 평균 결식률은 16. 7%였다.

또 중·고·대학 재학 연령대인 13세 이후 20대까지는 절반 이상이 가족과 함께 식사를 하지 못하는 것으로 나타났다.

13~19세 연령대 중 가족과 함께 아침 식사를 못하는 비율은 45. 6%였으며 20대는 61. 1%였다.

점심은 95. 8%와 85. 7%, 저녁은 38. 6%와 38. 5%로 각각 조사됐다.

복지부 관계자는 "10, 20대가 영양소를 과잉 또는 부족하게 섭취해 균형있는 성장에 걸림돌이 되고 있다."면서 "지방과 나트륨(소금) 섭취량을 줄이는 대신 과일과 야채 섭취를 늘려 균형잡힌 영양 상태가 되도록 해야 한다."고 밝혔다.

심재억기자 jeshim@seoul.co.kr

• 20대는 '굶모닝'(서울신문, 2006. 07. 06)

20대의 아침 식사율이 가장 저조한 것으로 조사됐다는 기사

• 이유 있는 EU 위기(중앙일보, 2011. 03. 26)

유로화 하락 이유를 분석하는 기사

- '무소유'를 '소유'하려는 부끄러운 사람들(오마이뉴스, 2010. 03. 29)
절판을 결정한 『무소유』를 구입하려는 사람들이 증가하면서 중고
책 경매까지 이루어지고 있다는 기사

- 법정 스님 '무소유 소유하기' 점입가경(연합뉴스, 2010. 03. 20)
법정스님의 생전 말씀인 『무소유』를 사려는 세태

- 재용이는 못 믿겠다 '이거니'?(오마이뉴스, 2010. 03. 26)
삼성전자 회장으로 경영일선 복귀를 선언한 이건희 전 삼성그룹
회장의 복귀와 관련한 네티즌의 반응을 담은 기사. 몇몇 누리꾼
은 "재용이는 못 믿겠다 '이거니'?" "이건희는 법 위에 있다 이거
니?" 등의 반응을 보였다는 기사

- 거래 올스톱······ '돈맥경화' 심화(조선일보, 2010. 03. 28)
주택시장이 얼어붙고 거래가 침체되고 있다는 기사

- 상장사들 '나, 떨고 있니'(경향신문, 2010. 03. 25)
도입된 상장폐지 실질심사제도가 강화되면서 증시 퇴출기업 수가
역대 최고가 될 것이라는 전망

- 쏟아 붓는 '눈폭탄' 커플을 삼켰다(국민일보, 2005. 12. 26)
크리스마스 다음 날, 눈이 너무 많이 내려서 자가용을 이용하여

크리스마스 여행을 다녀온 차 안의 많은 사람(특히 커플)이 도로에서 움직일 수 없게 되었다는 기사

• 직장인들 "조조 밑에 있지만 유비 모시고 싶어"(한국일보, 2009. 03. 28)
취업알선업체 잡코리아가 직장인을 대상으로『삼국지』영웅 중 기업 CEO로 가장 따르고 싶은 스타일은 누구냐는 조사를 한 결과

• '삽질'에 '올인'하는 정부······ 'IT'는 '추락'(EBN산업뉴스, 2009. 10. 19)
IT 강국 대한민국의 자부심이 무너지고 있다는 기사

• 봄철 별미 '종삼 무침' 방심하면 '농약 무침'(한겨레신문, 2010. 03. 25)
봄철 별미 반찬으로 밥상에 오르는 1년근 종삼은 농약 범벅일 가능성이 커 소비자의 주의가 요망된다는 내용

• 두바이 'Buy' 밀물이 'Bye' 썰물로······ 기반산업 없이 무분별 개발 탓(경향신문, 2010. 03. 22)
기반산업 없이 금융, 부동산, 관광업 위주로 발달한 두바이 경제가 무너지고 있다는 내용

• 세계의 갑부들 "I♥NY"(중앙일보, 2010. 03. 29)
뉴욕이 전 세계 부유층이 꼽은 올해 최고의 도시로 뽑혔다는 내용의 기사

• '외풍' 심한 방통위, 종편 선정에 '심한 황사'(한겨레신문, 2010. 03. 23)

종편 선정에 대해 방통위의 모호한 태도를 황사로 표현

• 소득은 게걸음, 빚은 뜀박질(내일신문, 2010. 03. 31)

우리나라 국민 한 사람당 빚이 연간소득에 맞먹는 수준까지 불어
나는 등 가계부채 문제가 날로 심각해지고 있다는 내용

• 추노가 뜰 때 '외주'는 울었다(중앙일보, 2010. 03. 31)

드라마는 대박 행진인데 정작 드라마를 만든 제작사는 휘청거리
고 있다는 기사

• 삼겹살로 상추 싸먹을 판…… 주부들 뿔났다(조선일보, 2010. 09. 21)

상추나 야채값이 너무 올라버린 세태를 '삼겹살로 상추를 싸먹는
다'는 생생한 표현으로 묘사

• 내 일도 없고 내일도 없고(월간중앙, 2010. 03)

고용시장이 다시 주춤하게 돼 청년층과 장년, 노인층의 일자리가
부족하다는 기사

• 아저씨에 아저씨 없다?…… 영화보다 재밌는 캐스팅 이야기(스포츠
서울닷컴, 2010. 08. 06)

• 추석 때 더 기다려지는 '57분의 여자'(한겨레신문, 2010. 09. 20)

교통정보센터에서 진행하는 57분 교통정보의 리포터 인터뷰. 제목에 교통방송 리포터라고 쓰지 않아도 57분의 여자라는 단어만 듣고도 바로 연상할 수 있다.

• 추노, 대박 시청률에 춤 추노(한겨레신문, 2010. 01. 14)

추노의 시청률이 다른 방송사의 드라마보다 월등히 높다는 기사. 드라마 제목인 「추노」를 어미에 사용해 언어적 유희 극대화

• 내가 니 앱이다(한겨레 21, 2010. 09. 17)

• 괴담에 춤추는 나라(연합뉴스, 2010. 09. 27)

유언비어와 음모론에 이리저리 흔들리는 한국 사회에 대한 기사

• 요즘 사람들이 이야기하는 3G 4G, 그게 뭐G?(동아일보, 2010. 09. 17)

G를 반복해서 만든 재치 있는 제목

• '붉은 악마' 물러가면…… 극장가에 피바람 분다(조선일보, 2010. 06. 08)

월드컵 열풍이 사그라질 때면 극장가에 '피바람'이 불 것 같다. 올 하반기 기대작으로 꼽히는 유명 감독들의 신작 중 스릴러가 유독 많기 때문이라는 기사

• 진짜 짝퉁 VS. 가짜 짝퉁(중앙일보, 2010. 09. 27)

모순된 언어 조합이 궁금증을 유발하게 만든 기사

• 할매조네스(동아일보, 2010. 09. 24)

노년으로 갈수록 '여인 천하'가 대세다. '할매조네스(할머니+아마조
네스)'라는 말이 나올 정도라는 기사

• 추석 대목이 아니라, 죽을 대목이네유!(오마이뉴스, 2010. 09. 21)

불경기 모습을 담은 기사 내용이 '추석 대목이 죽을 대목이네유!'
라는 한 문장에 요약되어 있다. 대목이라는 단어 반복이 포인트

• 대박 좇다 쪽박…… 쾌락 좇다 나락…… '도박은 病'(동아일보, 2010.
09. 20)

대박, 쪽박 그리고 쾌락, 나락이라는 운율을 이용한 제목

• 100만 원 DSLR, 1억 원 방송용 ENG '꿀어'(동아일보, 2010. 09. 27)

비용은 기존 ENG 카메라의 수십 분의 1에 불과하지만 성능은 그
에 못지않은 DSLR 카메라의 강세를 단순명료하게 잘 나타낸 제목

• 무안공항은 無人공항?(동아일보, 2009. 03. 19)

수요도 없는데 지은 전남무안국제공항의 저효율성 때문에 국민
의 세금이 낭비되고 있음을 지적한 기사

• 청춘을 '술푸게 하는' 최저임금(월간중앙 기사 제목)

'청춘을 슬프게 한다=청춘이 힘들어서 술을 마시게 한다'는 기사

• '가족회사' 외교통상부 만든 유명환 '사장님'?(민중의소리, 2010. 09. 03)

외교통상부 장관의 딸 특별채용과 관련한 기사였는데 유명환 장관을 유명환 사장님으로, '가족회사'라는 표현으로 문제 지적

• 애물단지 아파트 '집 가진 가난한 자'(위클리경향, 2010. 09. 02)

집을 가지고 있으면 여유 있는 사람이라는 생각을 역설적으로 뒤집은 기사

• 추석에 프라이팬 대신 '운전대 잡은 그녀들'(문화일보, 2010. 09. 22)

명절이지만 버스 운행 일정이 잡혀 있어 가족과 시간을 보내지 못하고 운전대를 잡아야 하는 주부들 이야기

• 毒해야 예뻐진다?(조선일보, 2010. 09. 18)

여성들이 뱀독이나 봉침 같은 기괴한 성분이 함유된 화장품을 찾고, 의외로 이러한 화장품들은 각종 효과를 앞세워 꽤나 인기몰이라는 기사

• 무선 데이터 '콸콸콸'? 막상 써 보니 '졸졸졸'(중앙일보, 2010. 09. 24)

데이터 무제한 요금제를 내세운 SK의 광고 카피 '콸콸콸'과 이와

반대되는 의미의 '졸졸졸'을 대비시킨 제목

신문의 편집기자들은 핵심적이고 매력적인 제목을 뽑아내기 위해 노심초사한다. 매력적인 제목 한 줄을 뽑기 위해서 머리를 짜낸다.

조선일보 사보를 보니 눈에 띄는 기사가 있었다. 편집부에서 좋은 제목을 뽑아내기 위해 가판 회의 후 도시락을 먹으며 제목을 연구한다는 내용이었다. 편집부가 제목과 한판 승부를 벌이기 위해 만든 제도다. 제목연구회의에 자발적으로 참석하는 편집기자들은 도시락을 먹으며 제목을 짜낸다. 그날의 가판지면 중 제목을 가장 잘 뽑은 편집자에게는 소액의 돈봉투가 지급된다.

편집부장은 '신문기사 제목은 편집자의 영혼'이라고 강조한다. 독자로 하여금 무릎을 치게 만드는 제목이 나와야 지면이 펄떡펄떡 살아있게 된다는 것이다. 그래서 좋은 제목을 뽑기 위해 도시락을 먹으며 제목에 관해 난상토론을 한다. 각자 한두 시간 전에 단 제목을 과감히 테이블에 올려놓고 이리저리 쑤셔가며 혹시나 더 좋은 제목이 없는지 찾아본다고 한다. '정답'이 나오면 다음 판에 바로 반영된다.

이렇게 힘들게 나오는 것이 기사 제목이다. 신문기사 제목을 신문별로 비교해보면 표현의 맛을 다르게 느낄 수 있다. 그리고 같은 사안에 대해 어떻게 더 매력적으로 표현할 수 있는지도 알게 된다. 이런 신문 제목을 유심히 보는 것도 표현력을 기르는 한 방법이다. 신문을 볼 때 기사 내용만 보지 말고 제목까지도 유심히 살펴보는 것이 좋다.

살아 있는 표현을 내 것으로 만들기 위해서는 관심과 노력이 필요하다. 어느 날 갑자기 머릿속에서 살아 있는 표현이 자가발전을 해서 나오는 건 아니다. 책이나 신문을 읽을 때 인상적인 문구를 메모해두고 영화 속 한마디라도 인상적인 대사는 기억한다. 그리고 광고 문구 하나를 보더라도 재미있는 것을 관심 영역에 넣어두는 것이다. 그런 관심과 노력 속에서 차츰 살아 있는 표현이 내 것이 되어서 나오게 된다.

살아 있는 표현으로 인상적인 한마디를 할 수 있도록 찾는 노력이 필요하다. 이것은 어느 날 갑자기 되는 것이 아니라서 늘 관심을 가지고 주변의 표현에서 좋은 점을 찾아야 한다. 신문 제목도 유심히 보고, 광고 카피도 건성으로 넘기지 않는 관심이 인상적인 한마디를 만들어낸다. 하다못해 엘리베이터 안에 붙은 광고 전단까지도 읽어보고 더 나은 표현이 없을지 생각한다면 인상적인 한마디는 습관처럼 나오게 된다.

요즘 기자들은 참 어렵다. 기사가 나가고 나면 인터넷에 댓글이 즉각 달리기 때문이다. 댓글의 촌철살인이 기사를 압도한다. 나아가 힘들여 쓴 기사를 웃음거리로 만들어버리기도 한다. 나는 기사를 본 뒤 댓글을 유심히 본다. 대한민국에는 촌철살인으로 무장한 논객이 정말 많다. 댓글이 아주 재치 있어서 그것을 읽는 재미가 기사 읽는 재미보다 더 클 때도 많다. 게다가 댓글 중에서 독자들이 '추천'을 많이 한 댓글이 제일 위에 배치되기도 하니 매우 쉽게 '촌철살인'의 댓글을 볼 수 있다.

예전에 어느 장관 후보자가 부동산이 너무 많다는 이유로 낙마한

적이 있다. 그 후보자는 이렇게 말했다.

"나는 땅을 사랑한 것뿐이지 땅 투기를 한 것은 아니다."

그러자 수많은 댓글이 달렸다. 그중에 추천을 가장 많이 받은 압권은 이랬다.

"그래? 나도 술을 사랑한 것뿐이지 음주운전은 아니었다."

또 다른 장관 후보도 부동산 때문에 낙마하면서 이렇게 말했다.

"내가 암이 아니라고 하니까 남편이 선물로 오피스텔을 사줬다."

여기 달린 댓글은 이랬다.

"그래? 암 아니라서 오피스텔 사주면, 감기 아니라면 자동차 한 대는 사줘야 되겠네?"

뻔한 '충격·경악·이럴 수가·헉·숨 막히는·멘붕': 기사 제목에 반전상을 주다

네티즌의 반응은 아니지만 아주 흥미로운 사이트가 있다. '고로케 (hot.coroke.net)'라는 사이트다. 언론 보도에 대해 나름대로 평가해 매월 상을 준다. '충격·경악·이럴 수가·헉·숨 막히는' 등과 같은 단어가 제목에 포함된 기사를 모아서 낚시성 기사를 감시하는 사이트다. '충격·경악·결국·멘붕' 같은 단어들이 기사 제목에 등장한 횟수를 모두 조사한다. '고로케' 사이트에서는 '충격받은 독자 일동' 이름으로 2013년 2월에 매일경제에 '충격상'을 수여했다.

독자 일동은 "위 언론은 기사제목에 '충격·경악·결국·멘붕' 문구를 가장 열심히 추가하여 한 달간 88건의 낚시제목 기사를 송고, 경쟁사를 제치고 충격 부문 1등을 차지하였기에 그 노고를 치하하여 본 상장을 수여함"이라며 수상 배경을 밝혔다. '충격상' 2위는 스포츠투데이, 3위는 동아일보였다.

매일경제가 올린 '충격'적인 기사 제목은 북한과 관련된 내용이 많았다. 매일경제가 쓴 '北여성 충격고백 대학 가려면 이 짓을……'(2013. 02. 25) 기사의 경우 북한 여성이 대학에 가려면 4년간 군사 복무를 이행해야 한다는 내용이었다. '충격'이라는 단어를 쓴 낚시성 제목이다.

다음은 매일경제가 며칠 사이에 '충격' '결국' '멘붕' 등의 단어를 써서 보도한 기사 제목들이다.

1. 쇼핑중독 20대女, 예금통장 보다가 결국……(2013. 03. 01)

2. 영어유치원 교사, 3·1절 묻자 하는 말이…… 충격(2013. 03. 01)

3. 성폭행혐의 박시후, A양에 합의금을…… 결국(2013. 02. 27)

4. 탈북女 충격증언 김일성 한 달에 한 번 피를……(2013. 02. 27)

5. 김정일 한마디 하자 北여성 3년간을…… 충격(2013. 02. 26)

6. 맞벌이 40대 직장男, 월급명세서 받고 멘붕(2013. 02. 26)

7. 美 50개주 시퀘스터 충격 보고서…… 백악관, 의회 압박(2013. 02. 25)

8. 연말정산 멘붕 10명 중 2명 토해내(2013. 02. 25)

9. 가수 은지원, 대통령 취임식 부담 때문에…… 결국(2013. 02. 25)

10. 北김정일, 女탈의실에 카메라설치…… 충격(2013. 02. 25)

'고로케'에는 기사 제목에 많이 쓰이는 '충격, 결국, 멘붕, 화들짝, 이것, 속보' 등 단어의 사전적 의미를 다음과 같이 정의해놓았다.

• 충격衝擊-명사

1. 〈물리〉 물체에 급격히 가하여지는 힘
2. 〈감정〉 슬픈 일이나 뜻밖의 사건 따위로 마음에 받은 심한 자극이나 영향
3. 〈언론〉 부디 꼭 클릭해달라고 독자에게 간곡하게 부탁하거나 독자를 낚아보기 위해 언론사가 기사 제목에 덧붙이는 일종의 '주문'

• 결국結局-명사

1. 〈사전〉 일이 마무리되는 마당이나 일의 결과가 그렇게 돌아감을 이르는 말
2. 〈언론〉 제목에서는 상상도 할 수 없는 전혀 다른 기사가 있음을 암시하는 '힌트'를 함께 달아 부디 꼭 클릭해달라고 독자에게 간곡하게 부탁하는 일종의 '호객행위'

• 멘붕menbun-유행어

1. 〈사전〉 멘탈리티(mentality=정신력) + 붕괴의 합성어
2. 〈언론〉 기존 충격 고로케에 걸리지 않기 위해 언론사들이 새롭게 활용 중인 접두어로, 부디 꼭 클릭해달라고 독자에게 간곡

하게 부탁하는 일종의 '호객행위'

•화들짝-부사

1. 〈사전〉 별안간 호들갑스럽게 펄쩍 뛰듯이 놀라는 모양

2. 〈언론〉 충격 고로케 사이트 등장 이후 '충격' '경악' 같은 들통
난 수식어를 대체하여 역시 부디 꼭 클릭해달라고 독자에게 간곡
하게 부탁하거나 독자를 낚아보기 위해 언론사가 기사제목에 덧
붙이는 일종의 '주문'

•이것this-대명사

1. 〈사전〉 말하는 이에게 가까이 있거나 말하는 이가 생각하는
사물을 가리키는 지시대명사

2. 〈언론〉 이것이 무엇인지 제목에서는 이야기하지 않을 것이니 궁
금하면 클릭해보라며 독자에게 클릭을 간곡히 부탁하는 일종의
'호객행위'

•속보速報-명사

1. 〈사전〉 빠른 알림 또는 그런 보도

2. 〈언론〉 언론사가 자기 기사를 포털 검색어 순위에 얼른 올리기
위해 기사 제목에 덧붙이는 '마법주문'으로서 충격 고로케 등장
이후 [속보] 대신 ☆속보★로 감싸는 경우도 많다.

다음은 '충격'이라는 단어를 쓴 기사의 제목들로 '고로케' 사이트에서 모은 것이다. 2013년 2월 28일과 3월 1일, 단 이틀 동안 보도된 제목들이다. 언론이 '충격'이라는 단어를 얼마나 많이 쓰는지 한눈에 보여준다.

1. 어린 나이에 탕진 전 재산 탕진의 충격이란(뉴스웨이, 2013. 03. 01)

2. 아유미 최근 모습 충격…… 얼굴 뼈만 남아(스포츠동아, 2013. 03. 01)

3. 아이리스 2 김영철, 장혁 친부였다 충격 반전(이데일리, 2013. 03. 01)

4. 성룡, 이소룡 죽음 충격…… 최고 위치 답답했을 것(머니투데이, 2013. 03. 01)

5. 아이리스 2 장혁, 기억 잃고 아이리스로 활동 충격(이데일리, 2013. 03. 01)

6. 850억 달러 예산삭감, 실물경기 충격 얼마나?(뉴스핌, 2013. 03. 01)

7. 中 가짜 호두 발견 충격…… 먹거리 장난 대체 어디까지?(TV Report, 2013. 03. 01)

8. 300미터 상공서 뻥…… 열기구 추락 현장의 충격 동영상(서울신문, 2013. 03. 01)

9. 아이리스 2 장혁, 아이리스의 냉혹한 킬러 됐다 충격(스포츠투데이, 2013. 03. 01)

10. 고영욱 전자발찌 채우라는 이유가…… 충격(아시아경제, 2013. 02. 28)

11. 이파니 고백 재혼 당시 너무 힘들어 유산했다 충격(뉴스핌, 2013.

02. 28)

12. 보육교사, 우는 아이 화장실에 가두고 폭행 충격(뉴스웨이, 2013. 02. 28)

13. 막오른 동탄 2신도시 3차 분양…… 공개된 분양가 충격(한국경제, 2013. 02. 28)

14. 은지원 이혼, "잘 지내는 것 같았는데……" 네티즌 충격(동아일보, 2013. 02. 28)

15. 용인 아파트 헐값에 팔았더니 충격(한국경제, 2013. 02. 28)

16. 투신자살 실제상황, 中 언론 카메라에 포착 충격(TV Report, 2013. 02. 28)

17. 충격! 상술로 찌든 성형 카페 판친다(ET 뉴스, 2013. 02. 28)

18. 인교진 집안 공개, 서우 남친이라더니 아버지 회사 연매출이…… 충격(뉴스웨이, 2013. 02. 28)

다음은 '경악'이라는 단어를 쓴 기사 제목의 리스트다. 정말 경악할 일이 이리도 많은 건지, 아니면 아예 웬만한 일에는 '경악'이라는 단어를 쓰는 건지 혼란스러울 정도다. 제목에 '충격'과 '경악'이라는 단어를 쓰는 게 습관이 되어버렸다.

1. 「무릎팍」 성룡, 위험천만 액션신 리얼 재현…… 경악(스포츠투데이, 2013. 03. 01)

2. 「불만제로」 무늬만 재래된장…… 구더기까지 경악(유니온프레스,

2013. 03. 01)

3. 중국 가짜 호두 적발 경악…… 먹는 걸로 장난치다니(이투데이, 2013. 02. 28)

4. 이혁재 "아내 육감 발달 막으려 비염수술 안 시켜" 경악(동아일보, 2013. 02. 28)

5. 눈동자로 변한 입술, 섬세한 표현력에 경악(아츠뉴스, 2013. 02. 28)

6. 직장인 나쁜 자세, 나도 모르게 스마트폰 만지면서…… 경악!(동아일보, 2013. 02. 28)

7. 김성주 "장모에 은밀한 부위 노출" 경악!(스포츠투데이, 2013. 02. 28)

8. 김성주 "장모가 내 은밀한 부위 봤다" 경악(일간스포츠, 2013. 02. 28)

9. 민주 천안함 폭침 사태 속 골프 국민경악(머니투데이, 2013. 02. 28)

10. 클라라, 섹시 女가수 앞에서 무슨 짓? 경악!(스포츠투데이, 2013. 02. 28)

'멘탈 붕괴'를 뜻하는 '멘붕'도 언론의 단골 기사 단어다. '고로케'에 올라온 리스트다.

1. [정동칼럼] 외교부의 멘붕을 치유하려면(경향신문, 2013. 03. 01)

2. 직장인 90퍼센트 출근길 멘붕 경험…… 2위 생리현상, 1위는?(동아일보, 2013. 02. 28)

3. 직장인 97퍼센트, 출근길 멘붕 경험 있다…… 언제?(이데일리, 2013. 02. 28)

4. 은지원 이혼 소식에 네티즌 멘붕 초딩 동창 커플이라 오래갈 줄······(이투데이, 2013. 02. 28)

5. 이제훈, 입대 직전까지 멘붕 없이 촬영했던 사연은?(오마이뉴스, 2013. 02. 28)

6. 직장인 97퍼센트, 출근길 멘붕 경험 있다(뉴스와이어, 2013. 02. 28)

7. 외국산 돌풍에 국내 게임사 멘붕(서울경제, 2013. 02. 27)

8. 3개 부처로 찢어지는 농식품부 멘붕(뉴스1, 2013. 02. 27)

9. 「1 대 100」 한석준 아나, 온유 딱밤 개인기에 멘붕(머니투데이, 2013. 02. 27)

10. 「미스터 김」 연준석, 길 잃은 김수연 소식에 멘붕(TV Report, 2013. 02. 26)

'고로케'는 2013년 1월에 홈페이지를 구축해서 선정적이고 자극적인 제목의 기사들을 단어별로 모아 보여주고 있다. 해당 사이트는 신문사 홈페이지 전체 기사 목록에 있는 기사를 2~3시간 안에 자동검색해서 특정 단어가 포함된 기사 제목을 자동 수집하고 있다. '충격, 경악, 결국, 멘붕'······ 이런 단어 외에도 '숨 막히는, 알고 보니, 헉, 폭소, 무슨 일, 발칵, 이럴 수가, 화들짝' 등의 단어를 쓴 제목들도 리스트로 만들어 보여주고 있다. 정말 우리나라 언론에 일침을 가하는 깜찍하고 재치 있는 사이트가 아닐 수 없다. '언론 발전을 위한 디딤돌상' 같은 거라도 만들어서 주고 싶다.

아, 재치 있는 대한민국 만세!

KI신서 5284

당신을 기억하게 만드는 힘
재치코드

1판 1쇄 인쇄 2013년 11월 11일
1판 1쇄 발행 2013년 11월 15일

지은이 강미은
펴낸이 김영곤 **펴낸곳** (주)북이십일 21세기북스
부사장 임병주
출판콘텐츠기획실장 안현주 장치혁
기획 송무호 **편집** 백은숙 **디자인 표지** twoes **본문** 윤영선 정란
마케팅영업본부장 이희영 **영업** 이경희 정경원 정병철
광고제휴 김현섭 강서영 **프로모션** 민안기 최혜령 이은혜 유선화
출판등록 2000년 5월 6일 제10-1965호
주소 (우 413-120) 경기도 파주시 문발동 회동길 201
대표전화 031-955-2100 **팩스** 031-955-2151 **이메일** book21@book21.co.kr
홈페이지 www.book21.com **트위터** @21cbook **블로그** b.book21.com

ISBN 978-89-509-5226-6 03320
책값은 뒤표지에 있습니다.